DER AKTIENKOMPASS: VALUE INVESTING DURCH UNTERNEHMENSBEWERTUNG

Sicher in Aktien an der Börse investieren + inklusive Praxisbeispielen

Ein Buch von: Stefan Bleikolm

Originale Erstauflage

978-3-96583-127-8	KDP TB
978-3-96583-128-5	KDP eBook
978-3-96583-194-0	CD
978-3-96583-130-8	Hardcover

Druck/Auslieferung:
Amazon.com oder eine Tochtergesellschaft

Impressum:
Cherry Media GmbH
Bräugasse 9
94469 Deggendorf
Deutschland

Für weitere Informationen: **info@cherrymedia.de**

DER AKTIENKOMPASS: VALUE INVESTING DURCH UNTERNEHMENSBEWERTUNG

CHERRY Finance

INHALTSVERZEICHNIS

Kostenfreies e-Book & Hörbuch inklusive

Beim Kauf jedes Taschenbuches von Cherry Media ist das **e-Book, spannende Bonusinhalte** sowie das **Hörbuch kostenfrei** für Sie **inkludiert**. Gehen Sie dazu einfach auf

https://link.cherrymedia.de/EPUB

oder scannen Sie den abgebildeten QR Code. Auf der Website können Sie dann Ihren einmalig gültigen Zugangscode eingeben.

Den **Zugangscode** zu Ihrem kostenfreie eBook, Hörbuch und zu den Bonusinhalten finden Sie auf der Seite: **290.**

Wir wünschen **viel Freude** mit Ihren **kostenfreien** Inhalten!

Haben Sie Fragen zu Ihrem e-Book? Wir sind gerne für Sie da!

Sie erreichen Sie uns unter info@cherrymedia.de

EINLEITENDES VORWORT

DER SINN UND ZWECK beziehungsweise das Ziel dieses Buches ist es, den Leserinnen und Lesern die Wichtigkeit aufzuzeigen, Unternehmen bewerten zu können, um auf diese Weise gewinnbringend zu investieren. Im Mittelpunkt steht also die fundamentale Unternehmensanalyse.

Jeder, der langfristig Geld anlegen und schlussendlich Vermögen aufbauen möchte, begeht einen großen Fehler, wenn er dabei wie ein waghalsiger Spekulant vorgeht. Erfolgreiche Investoren, wie beispielsweise Warren Buffett, spekulieren nicht, sondern denken und handeln wie Unternehmer. Das geschieht aus gutem Grund, schließlich erwirbt ein Aktionär mit dem Kauf einer Aktie einen Anteil an dem jeweiligen Unternehmen und partizipiert durch Kurssteigerungen und Dividendenzahlungen am Erfolg des Unternehmens. Um wie ein Unternehmer handeln zu können, ist es wichtig, das Unternehmen genau zu kennen. Vor allem vor dem Hintergrund der bei Anlegern immer beliebter werdenden Indexprodukte, bei denen es sich um eine indirekte Form der Geldanlage handelt, bei der die Rendite aus der durchschnittlichen Performance von erfolgreichen und weniger erfolgreichen Unternehmen erzielt wird, stellt sich die Frage, wie nun die erfolgreichen Unternehmen gefunden werden. Wie bereits erwähnt, ist es wichtig, dass Unternehmen der Wahl genau zu kennen und aus diesem Grund spielen die Kennzahlen und die Analyse derselben eine Rolle von besonderer Wichtigkeit.

Im Rahmen dieses Buches erfahren die Leserinnen und Leser alles Wissenswerte über die Bewertung von Unternehmen, die an der Börse notiert sind, sprich Aktiengesellschaften, sowie über die Bilanzanalyse derselben. Die Kennzahlen sind zwar ein äußerst wichtiges Instrument, da sie angeben, wie es dem Unternehmen in der Vergangenheit ergangen ist, doch ein Vergleich zwischen verschiedenen Unternehmen, nur auf der Basis von Daten aus der Vergangenheit, wäre deutlich zu simpel und würde die falsche Schlüsse ergeben. Ob ein Unternehmen über- oder unterbewertet ist und die Aktie somit entweder zu teuer oder zu günstig angeboten wird, hängt von mehr als nur der reinen Kennzahlenanalyse ab. Weitere Faktoren, wie das aktuelle Tagesgeschäft beziehungsweise das Geschäftsmodell allgemein, mögliche Investitionen und / oder Innovationen in der Zukunft, die Auswirkungen politischer Entscheidungen auf das Geschäftsmodell sowie interne Entscheidungen des Managements und makroökonomische Entwicklungen sind neben den Kennzahlen keinesfalls außer Acht zu lassen. Erst eine umfangreiche, fundamentale Betrachtung erlaubt es, das Unternehmen und dessen Zukunftsfähigkeit und somit die mögliche Rendite abbeziehungsweise einschätzen zu können. Durch das fundierte Wissen, das dieses Buch vermitteln, haben die Leserinnen und Leser die Mittel und Werkzeuge, die analysierten Unternehmen auf das zukünftige Potenzial hin zu bewerten und verfügen somit über einen Vorteil gegenüber vielen anderen Anlegern bzw. Spekulanten, die ihre Kauf- oder Verkaufsentscheidungen lediglich an kurzfristigen Kursveränderungen festmachen.

Dieses Buch erhebt außerdem den Anspruch, nicht unnötig komplex und kompliziert zu sein, wie es für viele Werke, die die Unternehmensbewertung behandeln, üblich ist. Die Vorgehensweise ist stets praxisorientiert und Leserinnen und Leser findet im Laufe des Buches zahlreiche Fallbeispiele, die

die Inhalte verdeutlichen. Abstrakte Formeln sind hier nicht zu finden, stattdessen jedoch die bereits etablierten Methoden aber auch alternative Ansätze, um das Verständnis zu gewährleisten und zu fördern. Aus dem Zusammenspiel der Kennzahlen und der weiteren Faktoren, sprich der Unternehmensanalyse bezüglich qualitativer Faktoren, wie dem Geschäftsmodell oder der Zuverlässigkeit des Managements, ergibt sich ein Gesamtbild des Unternehmens und der innere Wert desselben wird sichtbar. Letzterer, sprich der innere Wert eines Unternehmens, kann zwar nicht zuverlässig und zu 100 % genau ermittelt werden, doch eine Näherung ist möglich. Es ist also wichtig, sich im Rahmen der Bewertung von Unternehmen dem inneren Wert möglichst genau anzunähern, um dann langfristig die Kursdifferenzen für sich zu nutzen.

Der berühmte Investor Warren Buffett sagt, dass der innere Wert als die abgezinste Menge Geld verstanden werden kann, die über die gesamte Lebenszeit aus einem Unternehmen „herausgeholt" werden kann. Doch mehr zum inneren Wert, der eine Art Grundlage des Value Investing darstellt, erfahren die Leserinnen der Leser im weiteren Verlauf des Buches.

An dieser Stelle soll bereits ausdrücklich festgehalten werden, dass die Unternehmensbewertung mehr als Kunst, als als Wissenschaft zu verstehen ist. Eine Erfolgsgarantie gibt es an den Finanzmärkten nicht und im Rahmen dieses Buches soll auch nicht der Schein erweckt werden, das würde so sein. Viel mehr geht es darum, ein Gefühl für die Dynamiken der Unternehmen sowie der Branchen und Märkte zu entwickeln, in denen die Unternehmen ihrer Geschäftstätigkeit nachgehen und dieses Wissen für sich zu nutzen.

Dieses Buch beinhaltet und behandelt die folgenden Themengebiete im Rahmen der Bewertung von Unternehmen ausführlich, samt veranschaulichender, praxisorientierter

Beispiele:

- Die Analyse und Interpretation von unternehmensrelevanten Kennzahlen (Beispiel: Kurs-Gewinn-Verhältnis)
- Die Geschäftsmodell-Analyse
- Die Bewertung von Unternehmen
- Die Analyse von Aktien
- Techniken zum Entdecken von gewinnbringenden und ertragsreichen Investitionsmöglichkeiten
- Das Value Investing
- Das Portfoliomanagement

Im ersten Schritt beziehungsweise im Rahmen des ersten Kapitels, lernen die Leserinnen und Leser das Rechnungswesen von Unternehmen im Detail kennen. Im Mittelpunkt steht dabei die Bilanz. Für eine erfolgreiche, wahrheitsgemäße Bewertung von Unternehmen, ist es wichtig, zumindest die Grundlagen des Rechnungswesens zu verstehen, um zum Beispiel Jahresabschlüsse erstens überhaupt verstehen und zweitens dann auch interpretieren zu können. Doch mehr dazu nun im ersten Kapitel.

1. KAPITEL - DIE BILANZ UND IHRE INFORMATIONSFUNKTION

WIE BEREITS ERWÄHNT, DENKEN und handeln erfolgreiche Investoren wie Unternehmer. Dafür ist logischerweise unternehmerisches Denken erforderlich. Wer also aktiv an der Börse investieren möchte und dem Betriebswirtschaftslehre oder noch genauer formuliert, wem Rechnungswesen ein absolutes Fremdwort ist, der hat bereits verloren und sollte sich lieber eine passive Form der Geldanlage, wie beispielsweise einen Indexfond suchen. Ganz einfach darum, weil es überaus wichtig ist, die Jahresabschlüsse von Unternehmen zu verstehen und anschließend Schlüsse daraus zu ziehen. Innerhalb eines Jahresabschlusses werden die im Rahmen des Rechnungswesens erfassten betrieblichen Prozesse kompakt abgebildet, zusammengefasst und auf der einen Seite der Bilanz in Vermögen (Aktiva) und auf der anderen Bilanz-Seite in Schulden (Passiva) unterteilt beziehungsweise gegenübergestellt. Außerdem spielen die Erfolgsgrößen Gewinn, Umsatz sowie der Kapitalfluss (engl. „Cash-Flow“) eine Rolle und werden ebenso dargestellt.

Wer erfolgreich investieren möchte und sich aus diesem Grund eine Unternehmungsbewertung durchführen möchte, der MUSS die Jahresabschlüsse verstehen und vor dem Hintergrund der unternehmerischen Tätigkeit analysieren und bewerten. Allerdings und dass sollte bereits klar sein, reicht es nicht, nur die Kennzahlen verschiedener Unternehmen zu vergleichen, weil sich diese erstens auf die Vergangenheit beziehen und zweitens eignen sich diese nicht dazu Unternehmen verschiedener Branchen zu vergleichen. Letzteres gestaltet sich ohnehin schwierig, da Branchen unterschiedliche Dynamiken aufweisen. Zusätzlich zu den Kennzahlen gilt es, qualitative Faktoren mit in die Betrachtung, Analyse und schlussendlich mit in die Bewertung einzubeziehen. Bei den Daten, die das Rechnungswesen zur Verfügung stellt, handelt es sich zwar in der Tat um vergangenheitsbezogene, trotzdem können diese dabei helfen, eine Prognose hinsichtlich der zukünftigen Entwicklung des Unternehmens anzustellen. Natürlich sollte dies unter der Einbeziehung der qualitativen Faktoren erfolgen, denn das Zusammenspiel aus den quantitativen Daten des Jahresabschlusses mit den qualitativen Faktoren macht die Bilanzanalyse erst aus.

Im weiteren Verlauf dieses ersten Kapitels lernen die Leserinnen und Leser die verschiedenen Rechnungslegungen kennen, verstehen die Bestandteile von Jahresabschlüssen, sind sich der Unterschiede zwischen verschiedenen Rechnungslegungsstandards bewusst und wissen, wie erste Kennzahlen berechnet werden.

1.1 Die Rechnungslegung nach HGB, IFRS und US-GAAP

Bei der Rechnungslegung handelt es sich um das Erbringen der Rechenschaft über die finanzielle Mittel-Verwendung und gleichzeitig um die Vermittlung von Informationen zu der Lage sowie zu der Entwicklung von Unternehmen. Die bekanntesten Rechnungslegungsstandards, die für kapitalmarktorientierte Unternehmen gelten und deshalb auch hier behandelt werden, sind die des deutschen Handelsgesetzbuches (HGB), die International Financial Reporting Standards (IFRS) sowie die United States Generally Accepted

Accounting Principles (US-GAAP).

Die Rechnungslegungsstandards des HGB wurden bis zum Jahr 2003 von der Mehrzahl der kapitalmarktorientierten Unternehmen in Deutschland angewandt. Abgelöst wurde der Rechnungslegungsstandard nach dem HGB von dem der IFRS, die EU-weit verbindlich für alle kapitalmarktorientierten Unternehmen sind. Im HGB spielt der Grundsatz des Gläubigerschutzes und auch das Vorsichtsprinzip eine entscheidende Rolle, weshalb es sich um eine eher konservative Art der Bilanzierung handelt und die Gewinne eher niedrig als hoch ausgewiesen werden. Trotz der Ablösung durch die International Financial Reporting Standards spielen die Rechnungslegungsstandards des HGB weiterhin eine Rolle, beispielsweise bei der Erstellung der Einzelabschlüsse und außerdem als Ausschüttungs- sowie Steuerbemessungsgrundlage.

Die verbindliche Einführung der IFRS für alle Mitgliedstaaten der Europäischen Union hat die Regelungen des HGB für kapitalmarktorientierte Unternehmen in Deutschland abgelöst. Wichtiger Unterschied ist, dass bei den Regelungen der IFRS der Schutz der Gläubiger weniger Bedeutung zugemessen wird, als es nach HGB-Regelungen der Fall war. Stattdessen ist die Informationsvermittlung wichtiger geworden, sodass der Fokus auf der Vermögens-, Entrags- und Finanzlage von Unternehmen liegt. Jeder, der eine Bewertung von Unternehmen durchführen möchte, die an den europäischen Börsen notiert sind, der muss sich also mit der Bilanzierung nach den Regeln der International Financial Reporting Standards beschäftigen. Mit der Möglichkeit eines größeren Bewertungsspielraums für Vermögenswerte im Rahmen der IFRS wurde ein Problem der Regelungen des HGB behoben und zwar, dass Wertsteigerungen nur unzureichend abgebildet werden. Nach IFRS können tendenziell höhere Gewinne ausgewiesen und die aktuellen Werte von Vermögenswerten angegeben werden. Nach HGB konnte ein Vermögenswert maximall zu dessen Anschaffungskosten bilanziert werden.

Doch die Rechnungslegungsstandards der IFRS sind nicht die einzigen, die auf weltweiter Ebene von Bedeutung sind. Im Vereinigten Königreich wird teilweise nach den Regeln des UK-GAAP bilanziert, während in den Vereinigten Staaten der US-GAAP angewandt wird. Diese Vorschriften für die Bilanzierung, sprich die europäischen IFRS und die US-amerikanische US-GAAP, weisen inhaltlich nur geringe Unterschiede auf. Logischerweise ist dies von Vorteil, da so die Abschlüsse von Konzernen auf internationaler Basis vergleichbar werden. Nichtsdestotrotz bestehen große Unterschiede im Hinblick auf die Geschäftsberichte von europäischen und US-amerikanischen Konzernen. Im Gegensatz zu den europäischen Vorschriften für das Format sowie die zusatzlichen Informationen in Geschäftsberichten, müssen US-amerikanische Unternehmen das 10-K Formblatt ausfüllen, welches kaum Platz für die Aufführung zusätzlicher Daten und Informationen bietet. Grund für die strengeren Regelungen, was die Anfertigung von Geschäftsberichten angeht, sind einige Bilanzierungsskandale, die Ende der 1990er Jahre aufgedeckt wurden. Der Senat der Vereinigten Staaten reagierte darauf und seitdem ist es für Unternehmen verpflichtend, den Jahresabschluss, bereits von der Unternehmensleitung unterzeichnet, bei der Börsenaufsicht SEC zu hinterlegen.

Das strenge 10-K Format, nach dem die Abschlüsse von US-Unternehmen angefertigt werden müssen, hat allerdings nicht nur Nachteile. Logischerweise liegt ein klarer Vorteil des 10-K Formats in der klaren und einheitlichen Strukturierung sowie in der Übersichtlichkeit. Nachteilig ist, wie bereits kurz angerissen, dass markt- und / oder branchenspezifische Daten und auch andere Grafiken nur in den seltensten Fällen in den Jahresabschlüssen des 10-K Formats zu entdecken sind. In den Geschäftsberichten von Unternehmen aus Europa hingegen finden sich in der Regel zusätzliche Informationen zu aktuellen Themen, was das Verständnis von dem Unternehmen an sich aber auch vom gesamten Markt, in dem dieses tätig ist, verbessert. Natürlich ist hier auch festzustellen, dass Unternehmen diese förmliche Freiheit beziehungsweise die Zusatzinformationen und Grafiken nutzen können, um sich besser darzustellen, wodurch die Geschäftsberichte von US-Unternehmen eventuell weniger verfälscht sind, als die der europäischen. Außerdem ist die Vergleichbarkeit von europäischen Geschäftsberichten weniger gegeben, als bei den US-amerikanischen, weil die Freiheiten über Inhalt und förmliche Gestaltung schlichtweg größer sind. Ein weiterer Vorteil der US-Amerikanischen Jahres- sowie Quartalabschlüsse ist, dass diese zentral über die Internetseite der Börsenaufsicht SEC abgerufen werden können. Im Vergleich dazu werden die Abschlüsse von europäischen Unternehmen nicht zentral gesammelt und müssen jeweils auf der Internetseite des Unternehmens abgerufen werden.

Unternehmen, die an der Börse notiert sind, veröffentlichen im Normalfall einmal im Quartal einen Zwischenbericht, der ausführlichere Geschäftsbericht wird jährlich herausgegeben und beinhaltet den Konzernabschluss, einen Bericht über die aktuelle Lage des Unternehmens sowie weitere, zusätzliche Informationen. Die Daten und Informationen aus dem Konzernabschluss stellen die Basis für die Bilanzanalyse dar. Veröffentlicht werden diese wenige Monate nach dem Abschluss eines Geschäftsjahres oder eines Quartals. Kleinere Unternehmen, die nicht börsennotiert und in weniger regulierten Märkten aktiv sind, müssen nicht den strengen Regelungen zur Berichterstattung folgen und in der Regel nur halbjährlich, statt quartalsweise, einen Zwischenbericht veröffentlichen.

Unternehmen, die an der Börse notiert sind, sind meist große Konzerne. Diese Zusammenschlüsse von mehreren Einzelunternehmen veröffentlichen jedes Jahr einen Konzernabschluss, in dem die Abschlüsse aller Tochterunternehmen, die sich unter der Konzernmutter verbunden haben, konsolidiert beziehungsweise zusammengefasst werden. So lässt sich ein Überblick über die finanzielle Leistungsfähigkeit des gesamten Konzerns gewinnen, unter der Fiktion einer rechtlichen Einheit. Geregelt ist dies in den International Accounting Standards (IAS) 27.18. Für den Abschluss bedeutet das, dass dieser so aufgestellt wird, als ob es sich um ein einziges Unternehmen handeln würde. Wichtig ist dabei die Korrektur von Verbindungen und Verflechtungen der Tochtergesellschaften untereinander, also beispielweise, wenn die eine der anderen einen Kredit gewährt. Ist dies der Fall so entsteht nicht nur eine Forderung (nach der Tilgung des Kredits), sondern gleichzeitig eine Verbindlichkeit (Zahlen des Kredits). Im Rahmen des Konzernabschlusses werden diese Verflechtungen jedoch, wie bereits angeführt, eliminiert, wodurch ein genauerer Einblick auf den gesamten Konzern möglich wird. Eine Analyse der Abschlüsse aller einzelnen Tochtergesellschaften kann eventuell zu falschen Ergebnissen führen, weshalb diese Vorgehensweise vermieden werden sollte. Das nachfolgende Beispiel soll den Sinn und Zweck der Aufstellung von Konzernabschlüssen verdeutlichen.

Beispiel - Sinn und Zweck der Aufstellung von Konzernabschlüssen

In diesem Beispiel weist die ABC AG folgenden Einzelabschluss auf. Da im Moment noch keine weiteren Gesellschaften bestehen, entspricht der Einzel- dem Konzernabschluss.

ABC AG

Aktiva		Passiva	
Sachanlagen	300	Eigenkapital	250
Forderungen	0	Fremdkapital	150
Finanzanlagen	0		
Kasse	100		
Bilanzsumme	400	Bilanzsumme	400

*Angaben jeweils in Millionen Euro

Darstellung 1 – Konzernabschluss der ABC AG

Jetzt beschließt die ABC AG jedoch, das operative Geschäft einer eigenständigen, neu gegründeten Tochtergesellschaft, der Tochter ABC GmbH zu überlassen und fortan nur noch strategische sowie administrative Tätigkeiten wahrzunehmen. Die ABC AG ist also die Konzernholding beziehungsweise Muttergesellschaft. Im Rahmen der Ausgliederung des operativen Geschäfts an die Tochter ABC GmbH überträgt die ABC AG ihrer Tochtergesellschaft **Sachanlagen im Wert von 200 Millionen Euro** und gewährt ihr außerdem ein **Darlehen in Höhe von 100 Millionen Euro.** Das wirkt sich logischerweise auf die Bilanzen beider Unternehmen der Holding aus, die folgendermaßen aussehen:

ABC AG

Aktiva		Passiva	
Sachanlagen	100	Eigenkapital	250
Forderungen	100	Fremdkapital	150
Finanzanlagen	200		
Kasse	0		
Bilanzsumme	400	Bilanzsumme	400

*Angaben jeweils in Millionen Euro

Darstellung 2 – Konzernabschluss der ABC AG nach Gründung der Tochter ABC GmbH

TOCHTER ABC GMBH

Aktiva		Passiva	
Sachanlagen	200	Eigenkapital	200
Forderungen	0	Fremdkapital	100
Finanzanlagen	0		
Kasse	100		
Bilanzsumme	300	Bilanzsumme	300

*Angaben jeweils in Millionen Euro

Darstellung 3 – Abschluss der Tochter ABC gmbh

Wenn nun, sprich nach der Gründung der Tochter ABC GmbH, ein Blick auf die Einzelabschlüsse geworfen werden, so ist zu erkennen, dass der Informationsgehalt der Bilanz der ABC AG abgenommen hat. Durch die Übertragung der Sachanlagen im Wert von 200 Millionen Euro auf die Tochter ABC GmbH haben die der ABC AG abgenommen. Auch die Kasse wurde durch die Vergabe des Darlehens in Höhe von 100 Millionen Euro geschmälert, der aktuelle Kassenstand beträgt 0 Euro. Die Forderungen sind um 100 Millionen Euro gestiegen, bedingt durch die Vergabe des Darlehens. Außerdem ist eine Veränderung der Position Finanzanlagen zu beobachten. Durch die Beteiligung an der neu gegründeten Tochter ABC GmbH stieg die Position auf 200 Millionen Euro an.

Wie bereits angemerkt, ist die Bilanz des Mutterkonzerns nach der Gründung der Tochtergesellschaft weniger aufschlussreich und dementsprechend ungeeignet, um der Informationspflicht an externe Interessenten, die einen Einblick in die aktuelle Finanz-, Vermögens- und Ertragslage erhalten möchten, nachzukommen. Um die erforderliche Transparenz und Klarheit herzustellen, ist es erforderlich, dass ein einzelner Konzernabschluss aufgestellt wird. Dieser beinhaltet eine Zusammenfassung der Abschlüsse beider Unternehmen.

Um aus zwei Abschlüssen einen Konzernabschluss anzufertigen, werden lediglich die einzelnen Posten der Bilanzen aufaddiert und die internen Verflechtungen eliminiert. Das Ergebnis ist also der Konzernabschluss und ein deutlicher besserer Einblick in die Zahlen des gesamten Konzerns, statt Einzelabschlüsse mit deutlich weniger Aussagekraft zu betrachten. Typisch für den Inhalt eines Konzernabschlusses sind die Bestandteile Konzernbilanz, die Gewinn- und Verlustrechnung (des Konzerns), die Kapitalflussrechnung, die Segmentberichterstattung, die Eigenkapitalveränderungsrechnung sowie der Anhang und ergänzend dazu der Lagebericht des Konzerns

Im Rahmen der obigen Informationsbox haben die Leserinnen und Leser bereits erfahren, was die Bestandteile eines Konzernabschlusses sind. Dieser dient in Deutschland übrigens ausschließlich der der Informationsfunktion und ist für Investoren dementsprechend von großer Wichtigkeit, um die aktuelle (finanzielle) Lage des Unternehmens einsehen zu können. Im Rahmen der Analyse ist es wichtig, dass ausschließlich die Zahlen, die innerhalb des Konzernabschlusses zu finden sind, genutzt werden. Der im hinteren Teil des Abschlusses zu findenden Einzelabschluss von dem Mutterunternehmen ist von geringerer Bedeutung. Im Euro-Raum werden Konzernabschlüsse nach den Regelungen der International Financial Reporting Standards (IFRS) angefertigt. Einzelabschlüsse hingegen werden oft nach den nationalen Rechnungslegungsstandards erstellt, in Deutschland also nach den Regeln des Handelsgesetzbuches (HGB). Anders formuliert ist der nach den Regeln der IFRS erstelle Konzernabschluss relevant für die Bilanzanalyse. In nicht-europäischen Ländern gelten andere Vorschriften, wie bereits weiter oben erwähnt wurde. Zu nennen sind der US-GAAP in den Vereinigten Staaten oder auch der UK-GAAP in Großbritannien. Doch wo genau bestehen die Unterschiede zwischen den einzelnen Rechnungslegungsstandards? Mehr dazu nun in Unterkapitel 1.2.

1.2 Die Unterschiede zwischen HGB, IFRS und US-GAAP

Bevor die Unterschiede zwischen den Regelungen zur Bilanzierung nach HGB, IFRS und US-GAAP betrachtet werden, folgt jetzt eine kleine Übersicht von wichtigen Begriffen in Deutsch (HGB) und Englisch (US-GAAP). Abschlüsse, die in Englisch nach IFRS erstellt werden, ähneln sich im Hinblick auf die Begriffe, die auch in den US-Amerikanischen Abschlüssen nach US-GAAP verwendet werden.

International Financial Reporting Standards (IFRS) in Deutscher Sprache	US-GAAP
Bilanz	Balance sheet (statement of financial position)

Gewinn- und Verlustrechnung	Income statement (statement of earnings)
Kapitalflussrechnung (auch: Cash-Flow-Rechnung)	Statement of cash flows
Eigenkapitalveränderungsrechnung	Statement of investments and distribution to owners
Anhang	Notes

Der Unterschied der Rechnungslegungsstandards soll an **folgendem Beispiel** veranschaulicht werden.

Die Darstellung zeigt fiktive Bilanz- und Erfolgspositionen von zwei fiktiven Unternehmen aus der Automobilbranche.

Unternehmen X		**Unternehmen Y**	
Umsatz	75.000	Umsatz	72.000
Jahresüberschuss	1750	Jahresüberschuss	1820
Eigenkapital	10.200	Eigenkapital	19.000
Gesamtkapital	73.000	Gesamtkapital	81.000
Vorräte	7.500	Vorräte	8.700

*Angaben jeweils in Millionen Euro

Darstellung 4 – Vergleich ausgewählter Positionen zweier fiktiver Abschlüsse

Auf den ersten Blick ist bereits zu erkennen, dass einige Positionen Werte in ähnlicher Höhe aufweisen, andere wiederum stärker voneinander abweichen. Auf der Basis dieser Positionen ist es also schwer, eine eindeutige Aussage über die Attraktivität der beiden Unternehmen zu treffen, beziehungsweise kann nicht festgestellt werden, welches Unternehmen zu diesem Zeitpunkt bessergestellt ist.

In der Darstellung 4 handelt sich allerdings um die Positionen eins einzelnen Unternehmens. Die teils gravierenden Unterschiede entstehen schlichtweg dadurch, dass das Unternehmen X nach den Rechnungslegungsstandards des HGB bilanziert, während das Unternehmen Y die des IFRS anwendet. Wichtig ist, dass die Leserinnen und Leser an dieser Stelle verstehen, dass die unterschiedlich hohen Positionen durch Anwendung von zwei verschiedenen Rechnungslegungsstandards entstehen.

Ein Grund liegt darin, dass das Regelwerk IFRS die Nutzungsdauer von Vermögensgegenständen anders handhabt, als es die Regelungen nach dem HGB vorsehen. Nach IFRS dürfen Entwicklungskosten aktiviert werden und auch die Vorschriften im Hinblick auf Abschreibungen unterscheiden sich deutlich. Im Abschluss nach IFRS (siehe Unternehmen Y) ist das Eigenkapital deutlicher höher, als bei der Bilanzierung nach HGB. Zurückzuführen ist dies auf die Aktivierungsmöglichkeiten, die Regeln nach IFRS bieten und es ermöglichen, Entwicklungskosten als Vermögensgegenstand in die Bilanz aufzunehmen. Die Regeln des HGB hingegen erlauben eine Aktivierung der Entwicklungskosten als Vermögensgegenstand nicht und zählt diese Kosten direkt zu den Aufwendungen. Durch die Aktivierung der Entwicklungskosten als Vermögensgegenstand nach IFRS, wird der Aufwand auf mehrere Perioden verteilt und somit der Gewinn gesteigert.

Im Rahmen dieses Beispiels sollte vermittelt werden, dass die unterschiedlichen Rechnungslegungsstandards dafür sorgen, dass das es so scheint, als handele es sich um zwei verschiedene Unternehmen. Dabei ist lediglich die Art der Bilanzierung verschieden. Außerdem geht aus diesem Beispiel klar hervor, dass es sich bei den Jahresabschlüssen von Unternehmen lediglich um einen Versuch handelt, die Wirklichkeit des bilanzierenden Unternehmens abzubilden. Die objektive Wahrheit bleibt allerdings zurück, was auch darauf zurück zu führen ist, dass sogar innerhalb der Regeln des IFRS viel Bewertungsspielraum vorhanden ist, der Unternehmen viele Möglichkeiten bietet. Aus eben diesem Grund reicht es nicht, sich ausschließlich auf die Analyse der Kennzahlen zu verlassen. Wichtig ist nämlich ebenso das Geschäftsmodell. Ist dieses überzeugend, so sollten dies die Kennzahlen der Bilanz bestätigen.

In der folgenden Darstellung sind Positionen aus den fiktiven Abschlüssen eines großen Versicherungskonzerns aufgeführt. Sinn und Zweck der Darstellung ist es, den Leserinnen und Lesern den Unterschied zwischen der Rechnungslegung nach IFRS/IAS und US-GAAP aufzuzeigen. Ein solcher Vergleich ist immer dann möglich, wenn ein Konzern nicht nur an einer (deutschen) Börse, sondern auch an einer weiteren (US-Amerikanischen) Börse notiert ist. Jede Aktiengesellschaft muss die landestypischen Regeln der gültigen Rechnungslegung befolgen. Logischerweise müssen Konzerne, die an einer europäischen Börse notiert sind nach IFRS und solche Konzerne, die an einer US-amerikanischen Börse notiert sind, nach US-GAAP bilanzieren.

Das fiktive Unternehmen A hat nach den zwei verschiedenen Arten der Rechnungslegung folgende Positionen aufgeführt.

Unternehmen A (IFRS)		Unternehmen A (US-GAAP)	
Jahresüberschuss	6.050	Jahresüberschuss	6.450
Eigenkapital	45.100	Eigenkapital	48.250
Gewinn pro Aktie	15,05	Gewinn pro Aktie	13,6

*Angaben jeweils in Millionen Euro

Darstellung 5 - Vergleich zwischen IFRS und US-GAAP

Auf den ersten Blick ist bereits festzustellen, dass auch zwischen US-GAAP und IFRS Unterschiede beziehungsweise Abweichungen bestehen. Wenn jedoch erneut auf die Darstellung 4 geschaut wird, die den Abschluss eines fiktiven Unternehmens nach IFRS und HGB zeigt, dann wird schnell klar, dass die Unterschiede zwischen IFRS und US-GAAP wesentlich geringer sind. Die Regeln nach US-GAAP bieten Unternehmen weniger Spielraum bei Wahlrechten als die Regelungen nach IFRS. Im Hinblick auf die Vergleichbarkeit lässt sich hier bereits feststellen, dass Abschlüsse, die nach US-GAAP aufgestellt werden, am einfachsten zu vergleichen sind. Das liegt schlicht und einfach daran, dass es weniger Freiräume beziehungsweise Wahlrechte gibt, die die Unternehmen nutzen können.

1.3 Vorsicht beim Studieren von Bilanzen

Dieses Unterkapitel soll den Leserinnen und Lesern klar und deutlich machen, dass Bilanzen stets mit Vorsicht zu genießen sind. Es existieren zwar zahlreiche Regelungen und auch verschiedene Aufsichtsbehörden, wie die Börsenaufsicht und die Regierung beispielsweise, das hindert einige

Unternehmen jedoch nicht daran, ihre Bilanzen mit fragwürdigen, ja sogar illegalen Methoden, zu schönen. Eine geschönte oder gefälschte Bilanz hilft einem Unternehmen, dass in Schwierigkeiten steckt, dabei, dies zu vertuschen. Auf diese Art und Weise kann die Kreditwürdigkeit (natürlich nur scheinbar) verbessert werden, wodurch das Unternehmen günstiger an Fremdkapital in Form von Krediten gelangt. Es gibt einige Fälle, in denen selbst die größten und bekanntesten Bewertungsunternehmen, die detaillierte Einblicke in die Zahlenwerke von Unternehmen erhalten, getäuscht wurden. Krisengeschüttelte Unternehmen, die zumindest auf dem Papier beziehungsweise in der Bilanz gesund erscheinen, bedienen sich teils äußerst dreister Methoden. So gibt es Fälle, in denen die Verbindlichkeiten, sprich die zu zahlenden Kredite, nicht in den eigenen Büchern aufgeführt wurden. Da durch erhöht sich automatisch die Eigenkapitalquote des Unternehmens, da die Schulden in den Büchern überhaupt nicht existieren. Gleichzeitig werden fragwürdige Bewertungsmodelle genutzt, um Vermögenswerte zu deutlich überhöhten Werten anzusetzen, wodurch das Anlagevermögen steigt, jedoch natürlich nur theoretisch.

Es gibt einigen Methoden, die unter Bilanzbetrügern beliebt sind und in den häufigsten Fällen verwendet werden. Deshalb lohnt es sich, einen Blick auf die folgende Auflistung zu werfen:

- Die außerbilanzielle Buchhaltung

Bekannter ist die außerbilanzielle Buchhaltung unter dem englischen Begriff Off-Balance-Sheet-Accounting und bezeichnet die oftmals betrügerische Praktik, die Vermögenswerte und Verbindlichkeiten außerhalb der Bilanz zu führen. Auf diese Weise ist es nicht möglich, diese im Rahmen der Bilanzanalyse zu erfassen, weil diese schlichtweg nicht aufgeführt werden. Ziel ist die (scheinbare) Erhöhung der finanziellen Stabilität des Unternehmens, sodass dieses für Investoren interessant erscheint. Wie bereits weiter oben angemerkt wird so scheinbar die Kreditwürdigkeit verbessert.

- Verfrühter Ausweis der Gewinne

Der verfrühte Ausweis von Gewinnen oder auch Gewinnsteuerung ist eine weitere Methode, die sich großer Beliebtheit unter Bilanzbetrügern erfreut. Dabei handelt es sich darum, dass das Management des Unternehmens entweder langfristig ausgerichtete Verträge direkt als Ertrag bucht oder ein Ausweis der Gewinne vor dem eigentlichen Umsatzakt erfolgt. So tat es auch ein großer US-amerikanische Konzern im Rahmen eines beispiellosen Bilanzbetruges, der in den Vereinigten Staaten zu einer Verschärfung der diesbezüglichen Regeln und Buchführungsvorschriften geführt hat.

- Bestechliche Wirtschaftsprüfer

Vor einigen Jahren war es durchaus noch übliche Praxis, dass Wirtschaftsprüfer zur selben Zeit für die zu prüfenden Unternehmen als Berater beschäftigt waren. Dadurch entstehen logischerweise Interessenkonflikte, die es überhaupt erst ermöglichen, dass die fragwürdigen Methoden angewandt werden konnten. Durch Zuwendungen werden bzw. wurden korrupte Wirtschaftsprüfer dazu gebracht, das Unternehmen deutlich besser dazustellen, als es eigentlich ist.

- Aktivierung fiktiver Wirtschaftsgüte

Die Aktivierung fiktiver Wirtschaftsgüter ist ohne bestechliche Wirtschaftsprüfer wohl nahezu unmöglich. Durch diese Aktivierung von Wirtschaftsgütern, die überhaupt nicht existieren, wird eine scheinbare Substanz in der Bilanz vorgegaukelt.

Aus diesen Gründen beziehungsweise wegen diesen Möglichkeiten, die Bilanz zu verfälschen, ist es, wie bereits mehrfach angemerkt, enorm wichtig, dass im Rahmen der Bilanzanalyse nicht nur die Kennzahlen betrachtet werden. Ein weit umfassenderer Blick ist erforderlich. So sollte zusätzlich nicht nur das Geschäftsmodell, sondern auch die aktuellen Makrotrends sowie das Management des Unternehmens genau unter die Lupe genommen werden. Das Zusammenspiel dieser Informationen, sprich die Kennzahlen der Bilanz, die aktuellen Makrotrends und Informationen über das Management des Unternehmens, stellt die Basis da, auf der die Analyse aufbaut.

1.4 Ausnahme der Finanzbranche von der analytischen Betrachtung

Wichtig ist und dass wird nun hier in diesem kurzen Unterkapitel angesprochen, dass die Analyse von Jahresabschlüssen sowie die Bewertung von Unternehmen, so wie hier in diesem Buch behandelt, nicht auf die Unternehmen der Finanzbranche, sprich auf Banken und Versicherungen, angewandt werden sollte.

Das liegt ganz einfach daran, dass Banken und Versicherungen völlig andere Finanzstrukturen aufweisen, als beispielsweise die Unternehmen aus der Auto-, der Pharma- oder der Lebensmittelindustrie. Eine Analyse der Aktiva einer Bank scheitert daran, dass die zu bilanzierenden Summen derart gewaltig sind. Doch auch das Geschäftsmodell an sich ist dem von anderen Unternehmen, die nicht der Finanzbrache zuzuordnen sind, sehr verschieden. Deshalb ist eine Übertragung der wichtigen Grundsätze der Unternehmensbewertung auf Unternehmen der Finanzbranche nur schwer möglich. Außerdem ist eine langfristige Bewertung von Unternehmen der Finanzbranche so schwer, weil Finanzwerte meist eine überaus unstetige Entwicklung aufweisen. Gute Beispiele dafür sind viele ehemalige Großbanken. Viele der Finanzinstitute, die noch in den 1980er Jahren dominierend an der US-amerikanischen Wall Street waren, gibt es heutzutage entweder gar nicht mehr oder sie wurden von anderen Banken übernommen. Das alles zeigt, wie schwierig insbesondere die Unternehmensbewertung von Finanzinstituten und Versicherungen ist.

1.5 Die Struktur und der Aufbau von Jahresabschlüssen

Im Jahres- oder auch Konzernabschluss, der den wichtigsten Bestandteil von Geschäfts- oder Zwischenberichten von Unternehmen darstellt, sind die Bilanz, die Gewinn- und Verlustrechnung (GuV), der Anhang sowie die Eigenkapitalveränderungsrechnung, die Segmentberichterstattung und meist auch ein zusätzlicher Lagebericht enthalten. Wissenswert ist an dieser Stelle, dass Unternehmen in Abhängigkeit von ihrer Größe und den geltenden Transparenzvorschriften bis zu einem gewissen Detailgrad informieren müssen und bei Zuwiderhandlung mit Sanktionen zu rechnen haben.

Im weiteren Verlauf dieses Unterkapitels lernen die Leserinnen und Leser die Bestandteile von Jahresabschlüssen und außerdem einige wichtige Kennzahlen kennen.

1.5.1 Die Gewinn- und Verlustrechnung (GuV)

In der Gewinn- und Verlustrechnung, die abgekürzt oft einfach GuV genannt wird, werden die Erträge einer Periode den Aufwendungen derselben Periode gegenübergestellt. Der Saldo aus Erträgen und Aufwendungen zeigt den Gewinn oder den Verlust an, der in der betrachteten Periode erzielt wurde.

Es gibt verschiedene Verfahren, nach denen die Gewinn- und Verlustrechnung durchgeführt wird. In der Bundesrepublik Deutschland wird entweder nach dem Umsatzkostenverfahren (UKV) oder nach dem Gesamtkostenverfahren (GKV) vorgegangen. Im Hinblick auf das Gesamtkostenverfahren werden alle Kosten, die in der betrachteten Periode angefallen sind, betrachtet. Das Umsatzkostenverfahren hingegen betrachtet lediglich die Kosten, die durch die verkauften Produkte und / oder Dienstleistungen entstanden sind und stellt diese mit den Umsatzerlösen der Periode gegenüber. Dem ist es auch geschuldet, dass dem Gesamtkostenverfahren eine Position hinzugefügt wird, nämlich die der Bestandsveränderung der Vorräte, um auf dasselbe Jahresergebnis zu kommen. Nicht zu vergessen sind an dieser Stelle die verschiedenen Arten von Kosten. Während das Gesamtkostenverfahren den Aufwand nach Kostenarten, wie beispielsweise Material- und Personalkosten aufgeführt, gruppiert das Umsatzkostenverfahren die Kosten nach den Funktionsbereichen, wie zum Beispiel die der Produktion und des Vertriebs.

Die Regeln nach IFRS bevorzugen die Anwendung des Umsatzkostenverfahrens, allerdings wird auch das Gesamtkostenverfahren akzeptiert und ist somit zulässig. Auf internationaler Ebene wird die Gewinn- und Verlustrechnung dennoch in der Regel nach dem Umsatzkostenverfahren aufgestellt.

Die folgende Darstellung zeigt den schematischen Aufbau der beiden Verfahren (Gesamt- und Umsatzkostenverfahren) nach IFRS.

Gesamtkostenverfahren	Umsatzkostenverfahren
Umsatzerlöse	Umsatzerlöse
Sonst. betriebliche Erträge	
Materialaufwand	
= Rohergebnis	= Bruttoergebnis vom Umsatz
Personalaufwand	Vertriebskosten
Abschreibungen	Verwaltungskosten
Sonst. betriebliche Aufwendungen	Sonst. betriebliche Erträge u. Aufwendungen
= Betriebsergebnis (EBIT)	= Betriebsergebnis (EBIT)
Finanzaufwendungen	Finanzaufwendungen
= Ergebnis vor Steuern (EBT)	= Ergebnis vor Steuern (EBT)
Steueraufwand	Steueraufwand
= Ergebnis nach Steuern (EAT)	= Ergebnis nach Steuern (EAT)

Darstellung 6 - Gesamt- und Umsatzkostenverfahren

Dank der einzelnen Ausführung der Posten Material- und Personalaufwand sowie Abschreibungen und sonstige betriebliche Aufwendungen im Gesamtkostenverfahren, können Material- und Personalaufwandsquoten leichter berechnet werden. Detailliertere Einblicke in die Kostenblöcke Herstellungs-, Vertriebs- und allgemeine Verwaltungskosten sowie sonstige betriebliche Erträge und Aufwendungen bietet hingegen das Umsatzkostenverfahren. Nichtsdestotrotz bietet das Umsatzkostenverfahren nicht die Möglichkeit, die Personal- und Materialaufwandsquote zu berechnen, weil der Aufwand für die Abschreibungen von Personal und Material bereits in diesen Kostenblöcken enthalten sind. Eine Berechnung der Material- und Personalaufwandsquote ist also nahezu unmöglich, wenn das Umsatzkostenverfahren angewandt wird. Allerdings bietet das Umsatzkostenverfahren, wie bereits kurz erwähnt, detaillierte Einblicke in die Kostenblöcke Herstellungskosten, Vertriebskosten und allgemeine Verwaltungskosten, was dabei helfen kann, die Kosten der Verwaltung und / oder des Vertriebs zu optimieren beziehungsweise Ineffizienzen überhaupt erst zu erkennen, um dann angemessen darauf reagieren zu können. Es ist also klar, dass beide, Gesamt- sowie Umsatzkostenverfahren, jeweils Vor- und Nachteile haben.

Sobald die operativen Aufwendungen von dem Rohergebnis (Gesamtkostenverfahren) beziehungsweise von dem Bruttoergebnis vom Umsatz (Umsatzkostenverfahren) abgezogen werden, erhält man nach beiden Verfahren das Betriebsergebnis (EBIT), was den Gewinn oder Verlust der operativen Geschäftstätigkeit angibt. EBIT ist Englisch und steht für Earnings Before Interests & Taxes (Gewinn vor Zinsen und Steuern). Um das Ergebnis vor Steuern (EBT – Earnings before Taxes) zu ermitteln, werden die Finanzaufwendungen, die sich aus Zinsaufwendungen, Zinserträgen und Beteiligungserträgen zusammensetzen, von den Earnings Before Interests & Taxes (EBIT) subtrahiert. Wissenswert ist hier auch, dass das Unternehmen auf die Summe des Ergebnisses vor Steuern (EBT) die Ertragssteuer bezahlt. Der Jahresüberschuss (bei Gewinn) oder da Jahresfehlergebnis (im Falle eines Verlusts), das Konzernergebnis oder auch Ergebnis der Periode, sprich das Ergebnis nach Steuern (EAT- Earnings After Taxes), wird ermittelt, indem alle Aufwandspositionen von den Umsatzerlösen abgezogen werden.

Die Leserinnen und Lesern kennen jetzt die Positionen, die nach Gesamt- und Umsatzkostenverfahren betrachtet werden und nun ist es an der Zeit, dass ein genauerer Blick auf die Kennzahlen der Gewinn- und Verlustrechnung geworfen wird. Die Unterschiede, die zwischen Gesamt- und Umsatzkostenverfahren bestehen, machen eine getrennte Betrachtung der jeweiligen Kennzahlen erforderlich, die im folgenden Kapital näher betrachtet werden.

1.5.1.1 Gesamtkostenverfahren – Die Aufwandsquoten

Das Gesamtkostenverfahren bietet den Vorteil, dass die Entwicklung der operativen Aufwendungen nachvollzogen werden kann. Um diese Aufwandskennzahlen zu berechnen, werden die operativen Aufwendungen mit der erreichten Gesamtleistung gegenübergestellt. Es erfolgt also eine Gegenüberstellung, jeweils von Materialaufwand, Personalaufwand, Abschreibungsaufwand und der sonstigen operativen (betrieblichen) Aufwendungen mit der erreichten Gesamtleistung.

Jetzt wird ein genauerer Blick auf die Aufwandsquoten geworfen.

1.5.1.1.1 Die Materialaufwandsquote

Bereits zu Beginn soll hier auf den Materialaufwand beziehungsweise auf die Materialaufwandsquote eingegangen werden. Diese spielt in produzierenden Unternehmen eine wichtige Rolle, da sie die bedeutendste Kostenposition ausmacht.

Es handelt sich dabei um einen Indikator für die

Preissensibilität des Inputs von Unternehmen. Dafür wird der in der betrachteten Periode entstandene Materialaufwand mit der erzielten Gesamtleistung derselben Periode ins Verhältnis gesetzt. Die Höhe des Ergebnisses aus dieser Berechnung, beziehungsweise des ins Verhältnissetzens von Materialaufwand und Gesamtleistung, gibt Aufschluss darüber, wie sensibel das Unternehmen auf Preiserhöhungen von Rohstoffen reagiert. Eine hohe Materialaufwandsquote sagt aus, dass das Unternehmen sensibel auf Preiserhöhungen von Rohstoffen reagiert, eine niedrige Quote, dass die Reaktion weniger sensibel ist. Im Rahmen der Analyse ist dieses Wissen von großer Bedeutung und erlaubt es, die zukünftige Entwicklung abzuschätzen, indem auch die Entwicklung der jeweiligen Rohstoffpreise genau beobachtet werden.

In der Regel haben Unternehmen aus der Stahl- und Aluminiumindustrie hohe Materialaufwandsquoten und somit fällt die Reaktion auf steigende Rohstoffpreise dementsprechend stark aus. In anderen Worten formuliert ist haben Preiserhöhungen von Rohstoffen (Input) bei diesen Unternehmen großen Einfluss auf den Gewinn, der dadurch logischerweise geschmälert wird. Wichtig ist auch die Auswertung des Verlaufs der Materialaufwandsquote über einen längeren Zeitraum von mehreren Jahren. Dafür ist es umso wichtiger, die Einflussfaktoren wie die Rohstoffpreisentwicklung, Energiepreise aber auch Transportkosten und nicht zuletzt Währungsschwankungen zu berücksichtigen. Die Währungsschwankungen sind nicht zu unterschätzen, da viele Rohstoffe in US-Dollar gehandelt werden.

Die Materialaufwandsquote (MAQ) wird mit Hilfe der folgenden Formel berechnet:

$$MAQ = \text{Materialaufwand}/\text{Gesamtleistung}$$

Um ein besseres Verständnis zu gewährleisten wird die Berechnung der Materialaufwandsquote nun an einem Beispiel veranschaulicht, in dem die Materialaufwandsquote eines fiktiven Möbelherstellers berechnet wird. Aus der betrieblichen Tätigkeit, sprich der Herstellung von Möbeln, geht bereits hervor, dass der Materialaufwand (Holz, etc.) hoch ist. Das fiktive Unternehmen soll den schlichten Namen Möbel AG tragen.

	2017	2016
Umsatzerlöse	154.208.147,14	150.847.681,57
Bestandsvermögen	1.215.354,25	-3.015.254,25
Andere aktivierte Eigenleistungen	1.741,00	3.124,00
Gesamtleistung	155.425.242,39	147.835.551,32
Materialaufwand	89.154.148,15	84.152.171,87
Personalaufwand	34.517.154,21	32.151.843,54

*Angaben jeweils in Euro

Darstellung 7 – Berechnung der Materialaufwandsquote nach dem Gesamtkostenverfahren (Beispiel Möbel AG)

Dieser Auszug aus der Gewinn- und Verlustrechnung der Möbel AG ist nach dem Gesamtkostenverfahren aufgestellt.

Die Materialaufwandsquote für das Jahr 2017 berechnet sich wie folgt:

MAQ = 89.154.148,15 Euro/155.425.242,39 Euro = 0,574 =57,4 %

Die Materialaufwandsquote des Jahres 2016 berechnet sich so:

MAQ = 84.152.171,87 Euro/147.835.551,32 Euro = 0,569 =56,9 %

Aus den Materialaufwandsquoten 57,4 % (2017) und 56,9 % (2016) geht hervor, dass der Anteil des Materialaufwands an der unternehmerischen Gesamtleistung zugenommen hat. Gründe für diese Entwicklung sind steigende Rohstoffpreise, die das Ergebnis der Möbel AG belasten. Wissenswert ist, dass sich der Materialaufwand in diesem Beispiel in verschiedene Bestandteile zerlegen lässt. Die Möbel AG verarbeitet unter anderem Holz und Farbe, wofür natürlich auch Energie benötigt wird. Um schlussendlich herauszufinden, an welchem Faktor es lag, dass die Materialaufwandsquote innerhalb eines Jahres von 56,9 % auf 57,4 % geklettert ist, muss ein Blick auf die Preise für Holz, Farbe und Energie geworfen werden.

Wichtig ist es allerdings, nicht nur einen Blick auf die Materialaufwandsquote zu werfen, sondern diese im Zusammenhang mit der Fähigkeit des Unternehmens, die Preise an die Inflation anzupassen, zu betrachten, um ein weit umfangreicheres Bild zu erhalten.

1.5.1.1.2 Die Personalaufwandsquote

Die Personalaufwandsquote (PAQ) wird ähnlich berechnet, wie die Materialaufwandsquote, nämlich indem der

Personalaufwand durch die Gesamtleistung geteilt wird. Der Aufwand, der durch das Personal verursacht wird, sprich der Personalaufwand, unterteilt sich im Normalfall in Löhne sowie Gehälter und Abgaben für die Sozialversicherungen der Mitarbeiter. Im Rahmen der Analyse ist jedoch auch auf die Mitarbeiterproduktion zu achten, die von dem Umsatz pro Mitarbeiter definiert wird.

Außerdem sollte bei der Kennzahl Personalaufwandsquote stets auch auf die Anzahl der Mitarbeiter sowie auf das allgemeine Lohnniveau an den Produktionsstandorten und des Weiteren auf die Entwicklung der Inflation und den Einfluss beziehungsweise die Macht der Gewerkschaften geachtet werden. Logischerweise ist es für Unternehmen, die viele Mitarbeiter beschäftigen, als kritisch zu bewerten, wenn das Lohnniveau steigt. In anderen Worten formuliert, lässt sich feststellen, dass die Informations- und Beraterbranche sehr sensibel auf Lohnniveau-Veränderungen reagieren, weil das Personal der wichtigste Input Faktor für die Erbringung der Dienstleistungen darstellt.

Die Personalaufwandsquote (PAQ) wird mit Hilfe der folgenden Formel berechnet:

$$PAQ = \text{Personalaufwand}/\text{Gesamtleistung}$$

Um ein besseres Verständnis zu gewährleisten wird nun auch hier die Berechnung der Personalaufwandsquote an einem Beispiel veranschaulicht, in dem die Personalaufwandsquote des fiktiven Möbelherstellers Möbel AG berechnet wird. Der besseren Übersicht halber findet sich der Auszug aus der Gewinn- und Verlustrechnung der Möbel AG erneut an dieser Stelle:

	2017	2016
Umsatzerlöse	154.208.147,14	150.847.681,57
Bestandsvermögen	1.215.354,25	-3.015.254,25
Andere aktivierte Eigenleistungen	1.741,00	3.124,00
Gesamtleistung	155.425.242,39	147.835.551,32
Materialaufwand	89.154.148,15	84.152.171,87
Personalaufwand	34.517.154,21	32.151.843,54

*Angaben jeweils in Euro

Darstellung 8 – Berechnung der Materialaufwandsquote nach dem Gesamtkostenverfahren (Beispiel Möbel AG)

Die Berechnung der Personalaufwandsquote für das Jahr 2017 sieht also folgendermaßen aus:

PAQ = 34.517.154,21 Euro/155.425.242,39 Euro = 0,222 =22,2 %

Die Berechnung der Personalaufwandsquote für das Jahr 2016 sieht so aus:

PAQ = 32.151.843,54 Euro/147.835.551,32 Euro = 0,217 =21,7 %

Auch in diesem Beispiel ist festzustellen, dass die Personalaufwandsquote zugenommen hat, nämlich von 21,7 % im Jahr 2016 auf 22,2 % im Jahr 2017. Der Anstieg kann auf steigende Löhne zurückgeführt werden und / oder darauf, dass neue Mitarbeiter zunächst erst eingearbeitet werden müssen, bevor diese ihre tatsächliche Produktivität entfalten können. Deshalb ist es so wichtig, den gesamten Kontext zu betrachten.

Generell ist ein Anstieg der Aufwandsquote, egal, ob es sich um die Material- oder die Personalaufwandsquote handelt, als negativ zu bewerten. Die Zunahme der Quote bedeutet, dass die Kosten schneller steigen, als die Leistung, die das Unternehmen erbringt. Steuert das Management dieser Entwicklung nicht entgegen, so würde dies langfristig das Aus des Unternehmens bedeuten.

1.5.1.1.3 Die Energieaufwandsquote

Auch die Energieaufwandsquote (EAQ) wird ähnlich wie die Material- sowie die Personalaufwandsquote berechnet, nämlich indem der Energieaufwand durch die Gesamtleistung derselben Periode geteilt wird.

$$\text{EAQ} = \text{Energieaufwand}/\text{Gesamtleistung}$$

In diesem **Beispiel** wird nun nicht mehr die fiktive Möbel AG behandelt, sondern das ebenfalls fiktive Glaserei Unternehmen, die Glaserei AG. In der unten aufgeführten Darstellung 9 ist ein Auszug des Konzernabschlusses der Glaserei AG zu sehen. Es fällt auf, dass der Energiebedarf des Unternehmens als separate Position im Rahmen der Gewinn- und Verlustrechnung aufgeführt wird. Bedingt ist dies dadurch, dass für die Herstellung von Glas besonders viel Energie benötigt wird.

	2017	2016
Nettoumsatz	684,1	630,5
Bestandsveränderungen	18,4	4,4
Sonst. betrieblicher Ertrag	12,6	14,8
Ertrag	665,3	613,2
...	...	...
Energieaufwand	-123,5	-89,9

*Angaben jeweils in Millionen Euro

Darstellung 9 - Energieaufwandsquote nach dem Gesamtkostenverfahren (Beispiel Glaserei AG)

Bereits im Auszug der GuV der Glaserei AG lässt sich auf den ersten Blick erkennen, dass es zu einer Zunahme des Energieaufwands gekommen ist.

Die Energieaufwandsquote für das Jahr 2017 wird so berechnet, wie folgt:

EAQ = 123,5 Millionen Euro/665,3 Millionen Euro = 0,186 =18,6 %

Im Jahr 2016 betrug die Energieaufwandsquote noch:

EAQ = 89,9 Millionen Euro/613,2 Millionen Euro = 0,147
=14,7 %

Zu erklären ist der Anstieg der Energieaufwandsquote durch besonders hohe Energiepreise im Jahr 2017. Allerdings ist im Hinblick auf diesen überproportional hohen Anstieg der Energieaufwandsquote auch auf das Geschäftsmodell der Glaserei AG zu achten. Das Management der Glaserei AG kümmert sich bereits stets zu Jahresanfang darum, die Energiepreise für das folgende Jahr in Form von Verträgen zu festzuhalten. Dies macht die Energiekosten leichter kalkulierbar, allerdings verändert sich der Energieaufwand in der GuV erst mit einer Verzögerung von einem Jahr. Dieses Beispiel soll den Leserinnen und Lesern aufzeigen, dass die alleinige Analyse der Kennzahlen oft nicht ausreicht und deshalb andere Faktoren hinzugezogen werden sollten, um eine komplette Betrachtung und Analyse überhaupt möglich zu machen.

1.5.1.1.4 Die Quote der sonstigen betrieblichen Aufwendungen

Auch die Entwicklung der Quote der sonstigen betrieblichen Aufwendungen (Quote der SBA) sollte Teil der Betrachtung von Gewinn- und Verlustrechnung formen. Die Wichtigkeit dieser sonstigen betrieblichen Aufwendungen begründet sich damit, dass diese Fixkosten wie zum Beispiel Miet- oder Instandhaltungskosten miteinschließen. Steigt die Quote der sonstigen betrieblichen Aufwendungen an, so deutet das auf einen Anstieg der Fixkosten des Unternehmens hin. Logischerweise entspricht ein Rückgang der Quote fallenden Fixkosten.

Die Formel zur Berechnung der Quote der sonstigen betrieblichen Aufwendungen ist diese:

Quote der SBA = sonstige betriebliche Aufwendungen/ Gesamtleistung

1.5.1.1.5 Die Abschreibungsquote

Auch die Abschreibungsquote ist hier nicht außer Acht zu lassen. Diese beschreibt die prozentuale Höhe der Abschreibungen des Unternehmens auf das Anlagevermögen. Der Nutzen der Abschreibungsquote liegt darin, dass diese Aufschluss über die durchschnittliche Nutzungsdauer der Anlagegüter sowie über die abschreibungsbedingte Minderung des Anlagevermögens gewährt.

Die Abschreibungsquote wird folgendermaßen berechnet:

bschreibungsquote = Abschreibungen auf Anlagevermögen/Anlagevermögen

1.5.1.2 Umsatzkostenverfahren – Die Aufwandsquoten

Wie bereits weiter oben angemerkt, findet das Umsatzkostenverfahren bei der Anfertigung von Gewinn- und Verlustrechnungen vor allem in den Vereinigten Staaten, in denen die Regelungen des US-GAAP gelten, Anwendung. Die Leserinnen und Lesern wissen bereits, dass sich das Umsatzkostenverfahren dadurch charakterisiert, dass die Kosten nach Funktionsbereichen unterteilt werden. Eine Berechnung der Material- oder der Personalaufwandsquote ist dementsprechend nicht möglich, wenn nur die GuV betrachtet wird. Weitere interne Informationen, die nicht in der Gewinn- und Verlustrechnung nach dem Umsatzkostenverfahren aufgeführt werden, sind erforderlich. Stattdessen ist es jedoch möglich, die Umsatzkostenquote, die Vertriebs- und Verwaltungsquoten sowie die Quote für Forschungs- und Entwicklungsaufwand zu berechnen.

Die Formeln zur Berechnung der genannten Quoten sind die folgenden:

Umsatzkostenquote = Umsatzkosten/Umsatzerlöse

Vertriebskostenquote = Vertriebsaufwand/Umsatzerlöse

Verwaltungskostenquote = Verwaltungsaufwand/Umsatzerlöse

Forschungs- & Entwicklung-Kostenquote = (Forschungs- & Entwicklungsaufwand)/Umsatzerlöse

An folgendem Beispiel soll nun die Berechnung der Umsatzkostenquote des fiktiven Unternehmens Computer AG, das Computerteile und Zubehör produziert, veranschaulicht werden.

	2016	2017
Nettoumsatz	19,084	18,206
Umsatzkosten	10,486	10,235
Vertriebs- und Verwaltungskosten	3,723	3,614

*Angaben jeweils in Millionen Euro

Darstellung 10 - Umsatzkostenquote nach dem Umsatzkostenverfahren (Beispiel Computer AG)

Für das Jahr 2016 wird die Umsatzkostenquote folgendermaßen berechnet:

Umsatzkostenquote = 10,486 Millionen Euro/19,084 Millionen Euro = 0,549 = 54,9 %

Für das Jahr 2017 wird die Umsatzkostenquote folgendermaßen berechnet:

Umsatzkostenquote = 10,235 Millionen Euro/18,206 Millionen Euro = 0,562 = 56,2 %

Die Quote für Verwaltungs- und Vertriebskosten am Beispiel der Computer AG für das Jahr 2017 wird so berechnet:

Verwaltungs-und Vertriebskostenquote = 3,614 Millionen Euro /18,206 Millionen Euro = 0,199 = 19,9 %

1.5.1.3 Die Aufwandsquoten beider Verfahren (Gesamtkosten- und Umsatzkostenverfahren)

Aus der weiter oben aufgeführten Darstellung 6 geht hervor, dass die Erfolgsgrößen bei beiden Verfahren, sprich bei Gesamtkosten- sowie Umsatzkostenverfahren, unterhalb des Betriebsergebnisses (EBIT) identisch sind. Die Leserinnen und Lesern haben bereits gelernt, dass die operativen Aufwendungen oberhalb des EBIT unterschiedlich sind. Im Gegensatz zu dem Steueraufwand, der EBIT-Marge und der Umsatzrendite. Letztere wird im Rahmen dieses Buches allerdings erst im folgenden Kapitel behandelt.

1.5.1.4 Die Steuerquote

Das Verhältnis von Steueraufwand zu dem Vorsteuerergebnis (EBT) wird durch die Steuerquote beschrieben.

Wissenswert ist an dieser Stelle, dass der Steueraufwand von verschiedenen Faktoren abhängig ist beziehungsweise beeinflusst wird. Eine entscheidende Rolle nimmt dabei der Standort des Unternehmens ein, an den schließlich die steuerlichen Regelungen und Bestimmungen gekoppelt sind. Aber auch die regionale Umsatz-Verteilung sowie mögliche Verlustvorträge spielen bei der Höhe des Steueraufwandes eine große Rolle. Die Komplexität der Bestimmung von nationalen Steuerregelungen, jedes Mal, wenn es um die Unternehmensbewertung geht, ist hoch. Durch die Schätzung der Steuerquote auf der Grundlage der Fortschreibung von früheren Werten oder in Form einer direkten Kommunikation mit dem Management des Unternehmens wird dieses Problem gelöst. Die in Deutschland übliche Steuerquote beträgt 30 %, was logischerweise nach sich zieht, dass 30 % des Vorsteuergewinns als Steueraufwand gelten.

Die Formel zur Berechnung der Steuerquote ist die folgende:

Steuerquote = Steueraufwand/Vorsteuerergebnis (EBT)

Auch hier soll ein Beispiel das Verständnis sicherstellen. Erneut wird dafür das fiktive Unternehmen der Computer AG zur Rate gezogen. Die Darstellung 11 zeigt einen Auszug aus der Gewinn- und Verlustrechnung der Jahre 2017 und 2016.

	2017	2016
Ergebnis vor Ertragssteuern	10.253.548,62	8.678.237
Ertragssteuern	3.281.135,56	2.664.218,76

*Angaben jeweils in Euro
Darstellung 11 - Steuerquote

Die Steuerquote des Jahres 2017 berechnet sich so:

Steuerquote = 3.281.135,56 Euro/10.253.548,62 Euro = 0,32 = 32 %

Die Steuerquote für das Jahr 2016 berechnet sich so:

Steuerquote = 2.664.218,76 Euro/8.678.237 Euro = 0,307 = 30,7 %

Nach dem die Leserinnen und Leser die Gewinn- und Verlustrechnung kennen gelernt hat, folgt jetzt die Cash-Flow-Rechnung, bevor die Bilanz genauer untersucht wird.

1.5.2 Die Cash-Flow-Rechnung

Die Cash-Flow-Rechnung ist das wichtigste Element bei der Analyse von Jahresabschlüssen und wird dazu genutzt, um zu ermitteln, wie viel Geld dem Unternehmen tatsächlich zugeflossen ist, beziehungsweise, um zu ermitteln, wie weit die Gewinn- und Verlustrechnung von nicht zahlungswirksamen Erträgen und Aufwendungen verzerrt wurde. Ein Beispiel soll das Ganze verdeutlichen:

Der Betreiber eines kleinen Imbisses macht, um keine Stammkunden zu verlieren, Zugeständnisse und erlaubt einigen Besuchern, anzuschreiben. Er gewährt den Stammkunden also einen kleinen Kredit. Somit generiert der Betreiber des Imbisses zwar Umsatz, aber solange die Kunden ihre Schulden nicht beglichen haben, fehlt das Geld, um neue Würstchen, Brote, etc. einzukaufen und um die Mitarbeiter, die Stromrechnung usw. zu bezahlen. In der GuV wird dieses Problem nicht oder zumindest nur mit einer Verzögerung aufgezeigt. Die Cash-Flow-Rechnung hingegen berücksichtigt dies und gibt somit einen viel genaueren Einblick darauf, wie viel Geld dem Unternehmen tatsächlich zu- beziehungsweise abgeflossen ist.

Die Positionen Abschreibungen sowie vorübergehende Wertminderungen bei Wertpapieren und Rückstellungen für eventuelle Auszahlungen sind Beispiele für Aufwendungen, die anders als Auszahlungen erst zu einem späteren Zeitpunkt fällig werden. Außerdem erfolgt eine Berücksichtigung von noch nicht abgezahlten Forderungen und der Investitionen in Vorräte, die noch nicht verkauft wurden.

Die Cash-Flow-Rechnung ist in drei Abschnitte unterteilt:

- Dem Cash-Flow aus der operativen Geschäftstätigkeit des Unternehmens
- Dem Cash-Flow aus der Investitionstätigkeit des Unternehmens
- Dem Cash-Flow aus der Finanzierungstätigkeit des Unternehmens

Ein Blick auf den Saldo dieser Cash-Flows zeigt die Veränderung des Zahlungsmittelbedarfs des Unternehmens zum Ende des Jahres an. Die folgende Darstellung 12 zeigt die Gliederung einer verkürzten Cash-Flow-Rechnung:

Jahresüberschuss
+ Abschreibungen
+/- Veränderungen d. Rückstellungen
+/- sonstige zahlungsunwirksame Aufwendungen/Erträge
+/- Veränderung Nettoumlaufvermögen
= Cash-Flow aus operativer Geschäftstätigkeit
- Investitionen in Sachanlagen/immaterielle Vermögenswerte
+ Auszahlungen für Akquisitionen
+ Desinvestitionen
= Cash-Flow aus Investitionstätigkeit
- Auszahlung für Tilgung von Krediten
+ Einzahlungen aus Aufnahme von Krediten
- Rückkauf eigener Aktien
- Dividendenauszahlungen
= Cash-Flow aus Finanzierungstätigkeit

Darstellung 12 - Die Gliederung der Cash-Flow-Rechnung

Die verschiedenen Cash-Flows sollen nun einzeln näher betrachtet werden:

Der Cash-Flow aus der operativen Geschäftstätigkeit des Unternehmens

Wird der Jahresabschluss um die nicht zahlungswirksamen Positionen der Gewinn- und Verlustrechnung und um die Veränderung des Netto-Umlaufvermögens bereinigt, so erhält man den operativen Cash-Flow. Die Bereinigung des Netto-Umlaufvermögens ist erforderlich, weil Unternehmen in Wachstumsphasen finanzielle Mittel in das Umlaufvermögen investieren müssen, damit das operative Geschäft betrieben werden kann. Bis die Produkte dann aber verkauft werden, fließen die Mittel ab und müssen dementsprechend im Rahmen des operativen Cash-Flows erfasst werden.

Ein **Beispiel** soll dies kurz veranschaulichen:

Ein Fleischer muss zunächst die Rohwaren (Fleisch, Gewürze, etc.) einkaufen. Dadurch findet logischerweise ein Mittelabfluss statt. Aus den Rohwaren werden dann Würstchen und andere Fleischerei-Produkte hergestellt, die zunächst als fertiges Produkt in die Vitrine beziehungsweise in die Auslage der Fleischerei gelegt werden. An dieser Stelle wird das Kapital gebunden, es wird von Kapitalbindung gesprochen. Der Mittelzufluss erfolgt erst, wenn der Fleischer die Würstchen, etc., die in der Auslage liegen, an den Kunden verkauft.

Bei einer Verminderung der Verbindlichkeiten aus Lieferungen und Leistungen kommt es zu einer Minderung des operativen Cash-Flows, da liquide Mittel (Geld) abflossen ist, um die Verbindlichkeiten zu begleichen. Werden jedoch viele Rohwaren auf Ziel beziehungsweise auf Kredit gekauft, so nehmen zwar die Verbindlichkeiten aus Lieferungen und Leistungen zu, aber auf den operativen Cash-Flow wirkt sich dies positiv aus. Aus eben diesem Grund werden

Verbindlichkeiten aus Lieferungen und Leistungen als zinsloser Kredit betrachtet.

Kommt es zu einer Forderung aus Lieferungen und Leistungen, so steigt die Position an, wodurch der Umsatz und der Gewinn wachsen. Nichtsdestotrotz wurden die Forderungen noch nicht beglichen, weshalb der Jahresüberschuss um diesen Anstieg der Forderungen aus Lieferungen und Leistungen reduziert werden muss. Es wurde zwar Umsatz generiert, dieser ist dem Unternehmen aber noch nicht zugeflossen. Zur Berechnung des Nettoumlaufvermögens wird folgende Formel genutzt:

$$\text{Nettoumlaufvermögen} = \text{Forderungen} + \text{Vorräte} - \text{Lieferantenkredite}$$

Für die Cash-Flow-Rechnung ist die Veränderung des Nettoumlaufvermögens relevant. Um diese zu ermitteln wird ganz einfach vom dem Nettoumlaufvermögen der aktuellen Periode das der vorherigen subtrahiert. In der Praxis kann das problematisch sein, weil es, bedingt durch die Besonderheiten in den Rechnungslegungen, dazu kommt oder dazu kommen kann, dass die Veränderungen der Bilanz nicht mit denen der Cash-Flow-Rechnung übereinstimmen. Die Abschreibungen, die in der Cash-Flow-Rechnung einen besonderen Stellenwert einnehmen, stellen keinen echten, jährlichen Mitteabfluss dar. Da die Wirtschaftsgüter, die angeschafft werden, über die Jahre an Wert verlieren, werden Abschreibungen vorgenommen, um diesen Werteverzehr aufzuzeigen. Da aber, wie bereits angemerkt, kein tatsächlicher jährlicher Mittelabfluss stattfindet, korrigiert dies die Cash-Flow-Rechnung.

Der operative Cash-Flow wird wie folgt berechnet:

Jahresüberschuss

+/- Abschreibungen/Zuschreibungen

+/- Abnahme/Zunahme der Rückstellungen

+/- Abnahme/Zunahme der Vorräte

+/- Abnahme/Zunahme der Forderungen

\- - - - - - - - - - - - - - - - - -

+/- Zunahme/Abnahme Lieferantenkredite

\- - - - - - - - - - - - - - - - - -

Cash-Flow aus der operativen Geschäftstätigkeit

Darstellung 13 - Aufbau der Berechnung des operativen Cash-Flows

Auch an dieser Stelle soll die Berechnung an einem veranschaulichenden **Beispiel** erläutert werden:

Das fiktive Unternehmen, die ABC AG, hat am 31.12.2015 die nachfolgend aufgeführte Bilanz:

Aktiva		Passiva	
Vorräte	300.000	Eigenkapital	400.000
Liquide Mittel	100.000	Fremdkapital	0
Bilanzsumme	400.000	Bilanzsumme	400.000

*Angaben jeweils in Euro

Darstellung 14 - Beispielhafte Berechnung des operativen Cash-Flows

Das Management der ABC AG entscheidet sich dazu, die Vorräte für 400.000 Euro an einen Kunden auf Ziel zu verkaufen. Somit ist der Umsatzakt vollzogen, das Geld ist jedoch noch nicht eingegangen, da es ein Verkauf auf Ziel ist. Des Weiteren muss die ABC AG innerhalb desselben Jahres Fixkosten von 50.000 Euro für die Miete und die Beschäftigung der Mitarbeiter stemmen. Die Gewinn- und Verlustrechnung der ABC AG für das Jahr 2016 sieht so aus:

Umsatz	400.000
Materialaufwand	300.000
Fixkosten	50.000
Jahresüberschuss	50.000

*Angaben jeweils in Euro

Darstellung 15 - Gewinn- und Verlustrechnung ABC AG (Berechnung d. operativen Cash-Flows)

In der Gewinn- und Verlustrechnung wird ein Jahresüberschuss beziehungsweise Gewinn von 50.000 Euro ausgewiesen. Nichtsdestotrotz ist dem Unternehmen kein Geld zugeflossen, weil die Vorräte auf Ziel verkauft wurden und der Kunde noch nicht gezahlt hat. Der Kunde, der in diesem Fall also gleichzeitig den Schuldner darstellt, wird Mitte des Jahres 2017 zahlungsunfähig und kann seine Schulden in Höhe von 400.000 Euro nicht begleichen. In der Gewinn- und Verlustrechnung der ABC AG ist dies aber überhaupt nicht erkennbar.

Der Buchungssatz:

Forderungen aus Lieferungen und Leistungen 400.000 Euro an Umsatzerlöse 400.000 Euro

berücksichtigt den eigentlichen Geldfluss nicht und die Zahlungsunfähigkeit des Kunden, der die Vorräte auf Ziel gekauft hat, wird in Form einer Abschreibung auf Forderungen aus Lieferungen und Leistungen erst im folgenden Jahresabschluss erscheinen.

Nichtsdestotrotz haben Anleger die Chance, solch prekäre Lagen zu erkennen. Wenn ein Blick auf die (verkürzte) Cash-Flow-Rechnung der ABC AG des Jahres 2016 geworfen wird, so wird folgendes ersichtlich:

Jahresüberschuss	+ 50.000
Veränderung d. Vorräte	+ 300.000
Veränderung d. Forderungenaus LuL	- 400.000
Operativer Cash-Flow	- 50.000

*Angaben jeweils in Euro

Darstellung 16 - Cash-Flow-Rechnung ABC AG (Berechnung d. operativen Cash-Flows)

Hier wird der Jahresüberschuss um die Veränderungen der Vorräte und der Forderungen bereinigt. Die Forderungen nahmen um 400.000 Euro zu, was eine Bindung von Mitteln zur Folge hat, weil das Geld zu diesem Zeitpunkt noch nicht gezahlt wurde. Gleichzeitig nehmen die Vorräte um 300.000 Euro ab, weil diese komplett verkauft wurden. Am Ende des Jahres beträgt der operative Mittelabfluss der ABC AG 50.000 Euro, bei einem ausgewiesenen Gewinn von ebenfalls 50.000 Euro. Im kommenden Jahr, das ist bereits zu diesem Zeitpunkt ersichtlich, könnte das Unternehmen, wenn dieses keine Verkäufe tätigen würde, gerade mal die Fixkosten von 50.000 Euro für Miete und Mitarbeiter decken, weil die liquiden Mittel um den Mittelabfluss von 50.000 Euro reduziert wurden. Die ABC AG befindet sich also in einer prekären Lage, die mit dem alleinigen Blick auf die Bilanz und die Gewinn- und Verlustrechnung nicht ersichtlich ist. Doch die Berechnung des operativen Cash-Flow zeigt auf, dass die ABC AG in Schwierigkeiten gerät, wenn der Kunde, der die Vorräte gekauft hat, zahlungsunfähig wird.

Der Cash-Flow aus der Investitionstätigkeit des Unternehmens

Anders als der operative Cash-Flow, der anzeigt, welche Zahlungsströme aus der operativen Tätigkeit in das Unternehmen geflossen sind, beinhaltet der Cash-Flow aus der Investitionstätigkeit alle realisierten Investitionen sowie Desinvestitionen der betrachteten Periode. In der Regel wird der größte Investitionsposten von den Investitionen in Sachanlagen dargestellt. Innerhalb der Berechnung des Cash-Flows aus der Investitionstätigkeit werden Investitionen mit negativen Vorzeichen und Desinvestitionen mit positivem Vorzeichen versehen. Das liegt daran, dass bei einer Investition dem Unternehmen Geld abfließt, während eine Desinvestition dazu führt, dass dem Unternehmen Geld zufließt. Nichtsdestotrotz sollten Desinvestitionen stets kritisch betrachtet werden, da diese ein Indiz dafür sein können, dass das Unternehmen Vermögenswerte veräußert, um Cash-Flow und somit Wert zu generieren. Schlussendlich sollte der

Einzelfall jedoch genau betrachtet werden, denn beispielsweise ist eine Desinvestition als positiv zu bewerten, wenn damit der Rückzug aus einem verlustbringenden Geschäft einhergeht. Sinkende Investitionen sind ebenfalls kritisch zu betrachten, da diese dem Unternehmen zwar mehr Geld zur Verfügung stellen, aber meist notwendig sind, um auf dem Markt wettbewerbsfähig zu bleiben und die Marktposition zu stärken. Langfristig betrachtet ist es also überaus wichtig, dass das Unternehmen Investitionen durchführt. Der Cash-Flow aus der Investitionstätigkeit enthält, abhängig von der Art der Rechnungslegung, auch Einzahlungen und Auszahlungen aus Finanzanlagen, die eine Laufzeit von über drei Monaten haben. Dabei handelt es sich aber um keine Investition im eigentlichen Sinne, weshalb der Investitions-Cash-Flow um diese Beträge bereinigt werden sollte.

Die Berechnung des Cash-Flows aus der Investitionstätigkeit von Unternehmen soll an dem Beispiel eines fiktiven Industrieunternehmens erklärt und verdeutlicht werden.

Die Cash-Flow-Rechnung für das Jahr 2015 sieht folgendermaßen aus:

Ausgaben für immaterielles Vermögen u. Sachanlagen	-2.304
Ausgaben für Finanzanlagen u. Wertpapiere	-623
Auszahlungen für Akquisitionen	-1.472
Erlöse aus Desinvestitionen	57
Erlöse aus dem Abgang von Wertpapieren	489
Cash-Flow aus Investitionstätigkeit	-3.853

*Angaben jeweils in Millionen Euro

Darstellung 17 - Cash-Flow-Rechnung (Berechnung d. Cash-Flow aus Investitionstätigkeit)

Das Unternehmen hat im Jahr 2015 2.304 Millionen Euro in Sachanlagen und immaterielles Vermögen investiert. Da es sich um ein Industrieunternehmen handelt, kann davon ausgegangen werden, dass diese Ausgaben durch Investitionen in den Ausbau von Produktionshallen, in neue Maschinen, den Fuhrpark oder im Rahmen der Modernisierung der IT-Infrastruktur entstanden sind. Außerdem hat das Unternehmen 623 Millionen Euro in Finanzanlagen und Wertpapiere investiert. In der Analyse sollte dies jedoch nicht als Mittelabfluss behandelt werden, da es sich nur um eine Umschichtung von liquiden Mitteln in Finanzanlagen handelt. Die Auszahlungen für Akquisitionen beziehen sich auf die Auszahlungen, die getätigt wurden, um ein anderes Unternehmen zu übernehmen. Das hier betrachtete Unternehmen investierte im Jahr 2015 also 1.472 Millionen Euro in die Übernahme anderer Unternehmen. An dieser Stelle ist unbedingt anzumerken, dass bei Unternehmen, die regelmäßig andere Unternehmen übernehmen, der Betrag der Auszahlungen für Akquisitionen zu den Sachinvestitionen gezählt werden kann. Dies begründet sich darauf, dass die Übernahme von anderen Unternehmen ein Bestandteil des Geschäftsmodells ist. Des Weiteren erzielte das Unternehmen Erlöse aus Desinvestitionen und aus dem Abgang von Wertpapieren, insgesamt 546 Millionen Euro. Die Erlöse aus dem Abgang von Wertpapieren stellen allerdings keinen eigentlichen Mittelzufluss dar, weil die Wertpapiere lediglich in liquide Mittel getauscht wurden. Die Summe, die das Unternehmen insgesamt in das Anlagevermögen investierte beträgt als 3.853 Millionen Euro. Der tatsächlich investierte Betrag, nach Korrektur um die Wertpapiertransaktionen, beträgt 3.719 Millionen Euro. Der Betrag ergibt sich aus der Summe der Ausgaben für immaterielles Vermögen und Sachanlagen und den Auszahlungen für Akquisitionen abzüglich der Erlöse aus Desinvestitionen.

Der Cash-Flow aus der Finanzierungstätigkeit des Unternehmens

Bevor die Berechnung des Cash-Flows aus der Finanzierungstätigkeit an einem Beispiel erläutert wird, soll hier festgestellt werden, dass sich der sogenannte Free-Cash-Flow aus der Differenz vom operativen Cash-Flow und dem Cash-Flow aus der Investitionstätigkeit ergibt.

Free-Cash-Flow = Operativer Cash-Flow – Cash-Flow aus Investitionstätigkeit

Bei der Berechnung des Free-Cash-Flows ist besonders auf die richtige Verwendung der Vorzeichen zu achten. Die oben aufgeführte Formel normiert den Cash-Flow aus Investitionstätigkeit als positive Größe. Oft wird diese Position mit einem Minus versehen, weil es sich um eine Auszahlung handelt. (Darum ist es wichtig, dass der Cash-Flow aus Investitionstätigkeit als positive Größe normiert wird und von dem operativen Cash-Flow subtrahiert wird. Würde mit dem Cash-Flow aus Investitionstätigkeit samt negativem Vorzeichen gerechnet werden, so würde sich aus Minus Minus Plus ergeben.)

Die Mittel aus dem Free-Cash-Flow können von Unternehmen beispielsweise dazu verwendet werden, um Dividenden auszuschütten, Aktien zurückzukaufen oder um Kredite abzuzahlen beziehungsweise zu tilgen. Logischerweise ergibt sich immer dann ein negativer Free-Cash-Flow, wenn die Investitionen in einer Periode höher sind, als der operative Mittelzufluss.

Erneut soll das unter „Der Cash-Flow aus der Investitionstätigkeit des Unternehmens“ aufgeführte **Beispiel des fiktiven Industrieunternehmens** aufgegriffen werden.

Da zuvor nicht der operative Cash-Flow des Industrieunternehmens berechnet wurde, soll hier davon ausgegangen werden, dass dieser im Jahr 2015 5.940 Millionen Euro beträgt. Der Cash-Flow aus der Investitionstätigkeit wurde bereits berechnet und beträgt 3.853 Millionen Euro. Dementsprechend ergibt sich ein Free-Cash-Flow von:

5.940 Millionen Euro – 3.853 Millionen Euro = 2.087 Millionen Euro

Wenn die zuvor angepassten Zahlen aus der Berechnung des Cash-Flows aus Investitionstätigkeit verwendet werden, ergibt sich folgender Free-Cash-Flow:

5.940 Millionen Euro – 3.719 Millionen Euro = 2.221 Millionen Euro

Das Industrieunternehmen hat diese freien Mittel im Jahr 2015 für die nachfolgend aufgeführten Zwecke genutzt, die der Cash-Flow aus der Finanzierungstätigkeit beinhaltet:

Kapitalerhöhungen/ -rückzahlungen	-116
Auszahlungen für den Rückkauf eigener Aktien	/
Aufnahme von Finanz-verbindlichkeiten	3.649
Tilgung von Finanz-verbindlichkeiten	-4.571
Ausgeschüttete Dividende	-1.680
Cash-Flow aus Finanzierungstätigkeit	-2.718

*Angaben jeweils in Millionen Euro

Darstellung 18 - Cash-Flow-Rechnung (Berechnung d. Cash-Flow aus Finanzierungstätigkeit)

116 Millionen Euro wurden von dem Unternehmen für Eigenkapitaltransaktionen verwendet. Eigene Aktien wurde innerhalb des Jahres 2015 nicht zurückgekauft, weshalb diese Position leer ist. Durch die Aufnahme von Finanzverbindlichkeiten, sprich von Krediten, sind dem Unternehmen 3.649 Millionen Euro zugeflossen. Gleichzeitig nahm das Unternehmen die Tilgung von Finanzverbindlichkeiten in Höhe von 4.571 Millionen Euro vor. Außerdem erhielten die Aktionäre im Rahmen der Ausschüttung der Dividende insgesamt 1.680 Millionen Euro. Insgesamt ist der Cash-Flow aus der Finanzierungstätigkeit also negativ (- 2.718 Millionen Euro) und somit ist ein Mittelabfluss zu verzeichnen.

Wenn die drei Cash-Flow-Arten nun addiert werden, ergibt sich der gesamte Mittelab- und zufluss der betrachteten Periode beziehungsweise des betrachteten Geschäftsjahres des Unternehmens.

(1) Cash-Flow aus laufender Geschäftstätigkeit	5.940
(2) Cash-Flow aus Investitionstätigkeit	-3.853
(3) Cash-Flow aus Finanzierungstätigkeit	-2.718
(4) Liquiditätswirksame Veränderung der Zahlungsmittel	-631
(5) Zahlungsmittel und Zahlungsmitteläquivalente zum Jahresbeginn	2.248
(6) Zahlungsmittel und Zahlungsmitteläquivalente zum Jahresende	1.617

*Angaben jeweils in Millionen Euro

Darstellung 19 - Gesamter Mittelzu- und Abfluss (Addition der Cash-Flow-Arten

Insgesamt, sprich wenn alle drei Cash-Flow-Arten betrachtet werden, sind im Geschäftsjahr 2015 631 Millionen Euro aus dem Unternehmen geflossen. Zu Jahresbeginn hatte das Industrieunternehmen einen Zahlungsmittelbestand von 2.248 Millionen Euro. Nach Abzug der liquiditätswirksamen Veränderungen der Zahlungsmittel bleibt zum Ende des Jahres ein Endbestand von 1.617 Millionen Euro an Zahlungsmitteln (und Zahlungsmitteläquivalente).

An dieser Stelle lohnt es sich zu erwähnen, dass sich die liquiden Mittel (Kassenbestand) zum Ende des Geschäftsjahres (am 31.12) aus der Addition der drei Cash-Flow-Arten und den liquiden Mitteln zum Anfang des Jahres (am 01.01) berechnen.

Liquide Mittel zum Jahresbeginn (01.01)

+/- Cash-Flow aus operativer Geschäftstätigkeit

+/- Cash-Flow aus Investitionstätigkeit

+/- Cash-Flow aus Finanzierungstätigkeit

= liquide Mittel zum Jahresende (31.12)

Darstellung 20 - Liquide Mittel zum Jahresende

Zu achten ist bei der Addition vor allem darauf, dass sich die Vorzeichen ändern können. Dies kann passieren, wenn das Unternehmen beispielsweise besonders viele Kredite aufgenommen oder große Desinvestitionen realisiert. Aus diesem Grund ist es von entscheidender Bedeutung, dass im Rahmen der Cash-Flow-Rechnung stets auch ein Blick auf die aktuellen Entwicklungen im Unternehmen geworfen werden. Realisiert das Unternehmen zum Beispiel gerade Modernisierungsmaßnahmen, so sind dafür in der Regel hohe Investitionen erforderlich, die allerdings nur von temporären Ausmaßen sind, jedoch die Cash-Flow-Rechnung beeinflussen.

1.5.3 Die Bilanz

Die Bilanz wird von Unternehmen genutzt, um eine stichtagsbezogene Gegenüberstellung von Aktiva (Mittelverwendung) und Passiva (Mittelherkunft) zu ermöglichen. Dafür wird bei der Aufstellung auf die Kontenform zurückgegriffen, die Vermögenswerte, Schulden sowie das reine Vermögen des jeweiligen bilanzierenden Unternehmens beinhaltet. Im Großen und Ganzen kann also festgestellt werden, dass die Bilanz alle Vermögensgegenstände des Unternehmens aufführt und außerdem zeigt, wie diese finanziert wurden beziehungsweise sind.

Im Rahmen dieses Unterkapitels lernen die Leserinnen und Leser alles, was es über die wichtigsten Posten der Bilanz zu wissen gibt.

1.5.3.1 Die Aktiva-Seite der Bilanz

Auf der Aktiva-Seite der Bilanz - die wie bereits erwähnt die Mittelverwendung angibt - werden alle Vermögensgegenstände des Unternehmens aufgeführt. Es erfolgt außerdem eine Unterteilung der Vermögensgegenstände in Anlage- und Umlaufvermögen, die außerdem jeweils nach der Fristigkeit und der Liquidität geordnet werden. Vermögensgegenstände, die zu dem Anlagevermögen gezählt werden, sind solche, die dem Unternehmen langfristig zur Verfügung stehen, wie zum Beispiel Maschinen, Produktionshallen aber auch Geräte und der Fuhrpark. Nicht zu vergessen und ebenfalls zu dem Anlagevermögen zählend, sind die immateriellen Vermögensgegenstände und Firmenwerte. Im Normalfall dient das Anlagevermögen der Produktion der Güter, die im Umlaufvermögen veräußert werden.

Die Vermögensgegenstände, die zum Umlaufvermögen gezählt werden und den zweiten Teil der Aktiv-Seite in der Bilanz ausmachen, sind solche, die dem Unternehmen nur kurzfristig zur Verfügung stehen. Wichtig ist, dass das Wort „kurzfristig" hier einen Zeitraum von bis zu einem Jahr definiert. Zu den Vermögensgegenständen des Umlaufvermögens sind also Vorräte, Forderungen, und Zahlungsmittelbestände zu zählen.

Die langfristigen Vermögenswerte

Im Rahmen dieses Unterkapitels wird nun ausführlich auf die wichtigsten langfristigen Vermögenswerte (engl.: fixed assets / non-current assets) der Aktiv-Seite der Bilanz eingegangen.

Die immateriellen Vermögenswerte

Wie bereits in Unterkapitel 1.5.3.1 erwähnt, zählen immaterielle Vermögenswerte (engl.: intangible assets) zu denen auf der Aktiv-Seite der Bilanz. Immaterielle Vermögenswerte bestehen aus erworbenen Rechten und Patenten, aktivierten Entwicklungskosten sowie der EDV und den dazugehörigen (Software-) Lizenzen. Es ist allerdings Vorsicht geboten, wenn in der Bilanz eines Unternehmens, das nach den Regeln der IFRS bilanziert, ein besonders großer Posten der immateriellen Vermögenswerte auftaucht. Durch die den Spielraum, der unter bestimmten Voraussetzungen bei Anwendung der Regelungen des IFRS entsteht und die Möglichkeit bietet, selbst erstellte immaterielle Vermögenswerte zu aktivieren, kann es vorkommen, dass die entsprechenden Vermögenswerte viel zu hoch bewertet wurden und somit ein verzerrtes Bild der Wirklichkeit widergeben.

Der Firmenwert

Der Firmenwert gehört zu den immateriellen Vermögensgegenständen. Laut Definition ist der Firmenwert (engl.: Goodwill) eines Unternehmens der Betrag, den ein Käufer im Falle einer Übernahme des Unternehmens insgesamt über den eigentlichen Wert des Unternehmens hinaus zahlt beziehungsweise zu zahlen bereit ist. Dementsprechend werden auch die zukünftigen Ertragserwartungen und der Wert der einzelnen Vermögensgegenstände nach dem Abzug der Schulden berücksichtigt. Einfach formuliert beinhaltet die Position Firmenwert den Aufpreis, den eine Person oder ein Unternehmen für die Übernahme eins anderen Unternehmens über den Buchwert des letzten zu zahlen bereit ist. Ein kleines **Beispiel** soll dies nun veranschaulichen:

Angenommen Unternehmen X will Unternehmen Y übernehmen beziehungsweise kaufen. Das Unternehmen Y weist einen Buchwert von 60.000.000 Euro auf und ist dementsprechend in bilanzieller Hinsicht 60.000.000 Euro wert. Schlussendlich kauft das Unternehmen X das Unternehmen Y für 75.000.000 Euro. In der Bilanz muss Unternehmen X nun die Differenz von Buchwert und Kaufpreis für den Kauf von Unternehmen Y ausweisen, in diesem Fall also 15.000.000 Euro als Firmenwert beziehungsweise Goodwill.

Der Vermögenswert „Firmenwert" wird nach den Vorschriften nach IFRS einmal pro Jahr einem sogenannten Werthaltigkeitstest unterzogen. Dafür werden verschiedene, gängige Bewertungsmethoden genutzt und sollte die Bewertung zum Ergebnis haben, dass der Firmenwert zu hoch angesetzt wurde, so erfolgt eine außerplanmäßige Abschreibung, die sich negativ auf die GuV sowie auch auf das Eigenkapital auswirkt. Nichtsdestotrotz handelt es sich bei diesen außerplanmäßigen Abschreibungen um solche, die nicht zahlungswirksam sind. Das bedeutet, dass kein echtes Geld aus dem Unternehmen fließt, sondern nur auf dem Papier.

Wichtig ist, dass den Leserinnen und Lesern klar geworden ist, dass der Ausweis von zu hoch angesetzten Firmenwerten dazu führen kann, dass die Vermögensgegenstände der Aktiva-Seite überbewertet werden, was zu Fehleinschätzungen führen kann.

Die Sachanlagen

Zu den Sachanlagen zählen Fabriken, Filialen, der Fuhrpark, Grundstücke sowie Geräte und Maschinen des Unternehmens. In der Regel ist es so, dass Sachanlagen bei Industrieunternehmen die größten Bilanzposten repräsentieren.

Die Finanzanlagen

Zusammengefasst lässt sich feststellen, dass Finanzanlagen Wertpapiere sind, die langfristig, sprich dauerhaft im Besitz des Unternehmens sind. Vor allem Finanzforderungen, Investitionen in Dritt-Unternehmen und Kapitalmarktpapiere sind als dauerhaften Besitz des Unternehmens zu betrachten und dementsprechend zu bewerten. Für den Fall, dass Finanzanlagen nicht dauerhaft im Unternehmensbesitz sind, ist ebenso eine Zuordnung derselben zu dem Umlaufvermögen möglich. Es gilt also auch hier, dass die Betrachtung stets fallbezogen und vor dem jeweiligen Hintergrund des zu bewertenden Unternehmens erfolgen sollte.

Im Hinblick auf die Folgebewertung, ist die jeweilige Klassifizierung nach IAS 39 zu berücksichtigen:

Klassifizierung nach IAS 39	Bewertung
At fair value through profit or loss	Ergebniswirksam zum Zeitwert
Held to maturity	Fortgeführte Anschaffungskosten
Loans and receivables	Fortgeführte Anschaffungskosten
Available for sale	Ergebnisneutrale Bewertung

Darstellung 21 - Klassifizierung und Folgebewertung von Finanzanlagen nach IAS 39

Von wichtiger Bedeutung sind vor allem die Klassifizierungen „at fair value through profit or loss“ sowie „available for sale“. Wird ein Wertpapier nach “at fair value through profit or loss" klassifiziert, so weist die Gewinn- und Verlustrechnung die Wertsteigerung direkt aus. Eine Wertsteigerung eines Wertpapiers um 75 Euro gleicht dementsprechend einem Ertrag von 75 Euro. Anders verhält es sich, wenn eine Finanzanlage nach „available for sale" klassifiziert wird, denn dann wird die Wertsteigerung direkt mit dem Eigenkapital verrechnet und der Jahresüberschuss nicht beeinflusst. Klarer Vorteil der Klassifizierung nach „available for sale" ist, dass Wertpapiere, die über einen längeren Zeitraum gehalten werden und logischerweise in vielen Fällen in ihrem Wert schwanken, nicht die Gewinn- und Verlustrechnung verzerren.

Die kurzfristigen Vermögenswerte

Kurzfristige Vermögenswerte (engl.: current assets) sind Vorräte, Forderungen aus Lieferungen und Leistungen (Kurzform: Forderungen aus LuL) und Zahlungsmittel sowie Zahlungsmitteläquivalente. Im weiteren Verlauf dieses Abschnittes wird nun näher darauf eingegangen.

Die Vorräte

Vorräte lassen sich in drei Kategorien unterteilen:

- Roh-, Hilfs- und Betriebsstoffe (kurz RHB)
- Unfertige Erzeugnisse
- Waren und fertige Erzeugnisse

Die ersten, sprich die Roh-, Hilfs- und Betriebsstoffe, schließen, wie es die Begrifflichkeiten schon verraten, alle Waren mit ein, die für die Herstellung der Enderzeugnisse (Produkte) benötigt werden. Darunter fallen beispielsweise Schrauben, Schmieröle, Reinigungsmittel und Treibstoff.

Erwähnenswert ist an dieser Stelle außerdem, dass Roh-, Hilfs- sowie Betriebsstoffe zwar Bestandteile der herzustellenden Produkte sind aber unterschiedliche Anteile an den Erzeugnissen darstellen. Es sei angenommen, dass ein Unternehmen X (Holz-) Stühle produziert. Der Hauptbestandteil eines Stuhls ist der Rohstoff Holz. Der Nebenbestandteil Hilfsstoffe wird in diesem Fall von Leim ausgemacht, mit dem die hölzernen Teile miteinander verbunden werden. Die Betriebsstoffe hingegen werden zwar für die Herstellung der Stühle benötigt, aber während dieser verbraucht und sind somit nicht mehr direkt im Endprodukt enthalten. Ein Beispiel für einen Betriebsstoff im Rahmen der Holz-Stuhl-Produktion sind Schmierstoffe, mit denen die Maschinen geölt werden.

In der Praxis ist es so, dass die Grenzen zwischen Roh-, Hilfs- sowie Betriebsstoffen fließend sind. Das bedeutet, dass die Güter, die in dem einen Unternehmen als Rohstoffe gelten, in einem anderen Unternehmen als Hilfsstoffe klassifiziert werden.

Die Forderungen aus Lieferungen und Leistungen

In der Position „Forderungen aus Lieferungen und Leistungen“ (engl.: accounts receivable) sind alle Forderungen des Unternehmens enthalten, die dieses gegenüber einem Drittem hat. Abschreibungen erfolgen immer dann, wenn eine Forderung als ausfallgefährdet eingestuft wird, die dann als erfolgswirksam verbucht wird. Informationen über die Verzugsstruktur von Forderungen und die bis dato erforderlichen Abschreibungen können im Anhang des Unternehmens eingesehen werden.

Die Zahlungsmittel und Zahlungsmitteläquivalente

Zahlungsmittel und Zahlungsmitteläquivalente (engl.: cash and cash equivalents) umfassen den gesamten Kassenbestand sowie das Bankguthaben und die Schecks des Unternehmens. Außerdem zählen kurzfristige Wertpapiere zu den liquiden Mitteln.

1.5.3.2 Die Passiva-Seite der Bilanz

Im Gegensatz zur Aktiva-Seite der Bilanz, gibt die Passiva-Seite die Herkunft der Mittel an und zeigt auf, wie die Vermögenswerte auf der Aktiva-Seite finanziert wurden. Findet beispielsweise der private Kauf einer Wohnung für 300.000 Euro statt und die Hälfte wird aus eigener Tasche, sprich durch Eigenkapital finanziert, während die andere Hälfte über einen Darlehen, sprich durch Fremdkapital, finanziert wird. Die Aktiv-Seite Bilanz des Käufers weist nach dem Erwerb der Wohnung eine Immobilie im Wert von 300.000 Euro auf. Auf der Passiv-Seite, die schließlich die Mittelherkunft angibt, stehen ebenfalls die 300.000 Euro, die sich aus 150.000 Euro Eigenkapital und aus 150.000 Euro Fremdkapital zusammensetzen. Die Passiv-Seite zeigt also an, zu welchem Teil die Vermögenswerte der Aktiv-Seite aus Eigen- beziehungsweise aus Fremdkapital finanziert wurden.

Die Passiva-Seite der Bilanz unterteilt sich also stets in Eigen- und Fremdkapital. Wissenswert ist, dass die Rückstellungen auch zu dem Fremdkapital zählen. Zum Fremdkapital gehören die langfristigen Verbindlichkeiten sowie die kurzfristigen Verbindlichkeiten und Rückstellungen. Die langfristigen Verbindlichkeiten haben eine Laufzeit von über einem Jahr, kurzfristige Verbindlichkeiten dementsprechend unter einem Jahr. Mit der Ausnahme der Pensionsrückstellungen werden Rückstellungen meist dem kurzfristigen Fremdkapital zugeordnet, schlicht und einfach, weil die zu erwartende Auszahlung innerhalb eines Jahres fällig ist.

> Das Eigenkapital eines Unternehmens berechnet sich als Differenz zwischen dem Fremdkapital auf der einen und den Vermögenswerten auf der anderen Seite. Um das Beispiel mit dem Wohnungskauf erneut aufzugreifen: das Reinvermögen des Käufers der Wohnung beträgt nach dem Abzug der Verbindlichkeiten (Darlehen in Höhe von 150.000 Euro) 150.000 Euro. Wenn es allerdings zu einem Wertverlust der Wohnung kommt, so verringert dies direkt das Eigenkapital. Die Schulden beziehungsweise Verbindlichkeiten bleiben jedoch bestehen. Fällt der Wert der Immobilie also um beispielsweise 50.000 Euro auf 250.000 Euro, so stehen 100.000 Euro Eigenkapital 150.000 Euro Fremdkapital gegenüber.

Das Eigenkapital

Werden die Verpflichtungen von dem Vermögen eines Unternehmens abgezogen beziehungsweise subtrahiert, so ergibt sich das Eigenkapital (engl.: shareholders' equity) des Unternehmens. Anders als bei dem Fremdkapital, das dem Unternehmen nur für einen bestimmten Zeitraum (zum Beispiel über die vereinbarte Kreditlaufzeit) zur Verfügung steht, ist das Eigenkapital auf unbegrenzte Zeit verfügbar. Je nach den, von den Kapitalgebern in das Unternehmen eingebrachte Kapital und Rücklagen, richtet sich die Höhe des Eigenkapitals. Wissenswert ist an dieser Stelle, dass sich das Eigenkapital im Rahmen der Konzernbilanz in die nachfolgend aufgeführten Bestandteile unterteilt:

- Das gezeichnete Kapital

Das gezeichnete Kapital stellt die Basis des Eigenkapitals eines Unternehmens dar und gleicht dem Nennwert der ausstehenden Aktien.

- Die Kapitalrücklage

Kommt es zu einer Kapitalerhöhung, bei der pro Aktie mehr als der Nennwert bezahlt wird, so fließt dieses Aufgeld (Agio) in die Kapitalrücklage des Unternehmens.

- Die Gewinnrücklage

Die Gewinnrücklage setzt sich aus einbehaltenen Gewinnen des Unternehmens zusammen. Diese einbehaltenen Gewinne können zu einem späteren Zeitpunkt ausgeschüttet werden.

- Die eigenen Anteile

Kommt es zu einem Rückkauf von Aktien durch das Unternehmen selbst, so werden die eigenen, zurückgekauften Anteile von dem Eigenkapital abgezogen.

- Das Konzernergebnis

Das Konzernergebnis wird von dem abschließenden Bestandteil des Eigenkapitals gebildet.

Der bilanzielle Buchwert des Unternehmens wird von dem Eigenkapital angegeben. Wenn alle Vermögenswerte zu dem Wert verkauft werden würden, zu dem diese in der Bilanz aufgeführt sind, so würde nach der Tilgung der Schulden das Eigenkapital übrigbleiben. An dieser Stelle ist zu erwähnen, dass die Begrifflichkeiten Eigenkapital, Buchwert und Reinvermögen synonym verwendet werden. Die Begriffe „shareholders` investment" oder „shareholders´ equity" trifft die eigentliche Bedeutung des Eigenkapitals deutlich besser, da es sich um einen zu verzinsenden Betrag handelt, der von den Aktionären des Unternehmens durch den Kauf von Anteilen (sprich Aktien) eingebracht wurde.

Die kurzfristigen Schulden

Die kurzfristigen Schulden (engl.: short-term liabilities) umfassen Verbindlichkeiten aus Lieferungen und Leistungen sowie kurzfristige Finanzverbindlichkeiten.

Die Verbindlichkeiten aus Lieferungen und Leistungen

Die Verbindlichkeiten aus Lieferungen und Leistungen (engl.: accounts payable) beinhalten offene Rechnungen für Warenlieferungen von Zulieferern des Unternehmens (Lieferantenkredite). Steigt diese Position an, so muss dies nicht zwangsläufig als negativ betrachtet werden, da das Unternehmen so über einen längeren Zeitraum über eigenes Geld verfügt, somit liquide ist und die Rechnung zu einem späteren Zeitpunkt bezahlt.

Die kurzfristigen Finanzverbindlichkeiten

Die kurzfristigen Finanzverbindlichkeiten (engl.: notes payable) umfassen zinstragende Schulden, die eine Laufzeit von weniger als einem Jahr haben. Dies können Anleihen sein, die bald fällig sind, aber auch kurzfristige Bankkredite. Nicht zu vergessen sind hier die Geldmarktpapiere, die der Deckung des kurzfristigen Finanzierungsbedarfs dienen und normalerweise eine Laufzeit von maximal 270 Tagen haben.

Die langfristigen Schulden

Die langfristigen Schulden (engl.: long-term liabilities) beinhalten die Positionen langfristige Finanzverbindlichkeiten und Rückstellungen.

Die langfristigen Finanzverbindlichkeiten

Bei den langfristigen Finanzverbindlichkeiten (engl.: bank-loans, long-term debt) handelt es sich um verzinsliche Verbindlichkeiten, die eine Laufzeit von über einem Jahr aufweisen. Im Normalfall setzt sich diese Position aus Bankkrediten und Anleihen zusammen.

Durch die Addition von kurz- und langfristigen Finanzverbindlichkeiten ergibt sich die Gesamtheit aller Finanzverbindlichkeiten. In der Regel sind in den Anhängen von Jahresabschlüssen die entsprechenden Details aufgeführt. Der Zinssatz, die Währung und die gesamte Fälligkeitsstruktur sind dort einzusehen.

Die Rückstellungen

Die Rückstellungen (engl.: provision) werden mit dem Sinn und Zweck gebildet, um drohenden wirtschaftlichen Verlusten finanziell Herr zu werden. Die Wahrscheinlichkeit für das Eintreten eines Szenarios, dass die Rückstellungen erforderlich macht, ist nicht genau festzustellen. Es kann auch eine Klassifizierung im kurzfristigen Bereich erfolgen, was schlussendlich von der Art und Dauer der Rückstellungen abhängig ist. In der Regel werden die folgenden Rückstellungen gebildet:

- Garantierückstellungen
- Rückstellungen für laufende Prozesse
- Steuerrückstellungen

1.5.4 Der Eigenkapitalspiegel

Die Begriffe Eigenkapitalspiegel und Eigenkapitalveränderungsrechnung sind Synonyme. Die Eigenkapitalveränderungsrechnung ist Bestandteil des Jahresabschlusses von Unternehmen und zeigt in detaillierter Art und Weise, wie sich das Eigenkapital im Rahmen eines Geschäftsjahres verändert hat. Wissenswert ist, dass nicht nur der erzielte Gewinn (Jahresüberschuss) einen Einfluss auf das Eigenkapital hat, sondern auch die Aktienrückkäufe, die Dividendenzahlungen sowie Kapitaleinzahlungen und Aufwendungen sowie Erträge, die direkt im Eigenkapital erfasst wurden. In tabellarischer Form listet die Eigenkapitalveränderungsrechnung den jeweiligen Einfluss der verschiedenen Faktoren auf die Eigenkapital-Bestandteile (gezeichnetes Kapital, Kapitalrücklagen und Gewinnrücklagen) auf.

1.5.5 Der Anhang im Jahresabschluss

Im Anhang werden einzelne Positionen aus der Bilanz und der Gewinn- und Verlustrechnung näher erläutert. Im Rahmen des ersten Teils des Anhangs von Jahresabschlüssen wird ausführlich auf die angewandten Bilanzierungsverfahren und Bewertungsmethoden eingegangen und diese erläutert. Außerdem wird auf den sogenannten Konsolidierungskreis eingegangen. Dieser bezeichnet alle Unternehmen, die in den Jahresabschluss mit einbezogen werden, sprich die Einzelunternehmen des Konzerns. Ein weiterer Aspekt ist, dass im Anhang auf die Veränderungen im direkten Vergleich zum Vorjahr eingegangen wird.

Im zweiten Teil des Anhangs von Jahresabschlüssen finden sich in der Regel Erklärungen zu den verschiedenen Positionen, die in der Bilanz und der Gewinn- und Verlustrechnung aufgeführt werden. Im Hinblick auf die Analyse von Bilanzen, ist es wichtig, einen detaillierten Blick auf die Segmentberichterstattung sowie auf die Fälligkeitsstruktur beziehungsweise den Verbindlichkeitenspiegel zu werfen. Diese werden nun näher im Detail betrachtet.

1.5.5.1 Die Segmentberichterstattung

Alle Angaben zum Umsatz, zum Ergebnis und den Kennzahlen über Vermögen und Schulden werden in der Segmentberichterstattung basierend auf den operativen Unternehmensteilen dargestellt. Diese Aufteilung nach Unternehmensteilen kann nach verschiedenen Kriterien erfolgen. So ist eine regionale Aufteilung, eine solche nach Produktgruppen oder auch eine nach den einzelnen Tochterunternehmen möglich.

Die Kennzahlen, die für die finanziellen Einordnung des Unternehmens genutzt werden können, sind auch auf die einzelnen Segmente desselben anwendbar. Sinnvoll ist dies, da viele Unternehmen verschiedene Kapitalrenditen und Margen in deren unterschiedlichen Produktsegmenten aufweisen. Durch die Analyse von detaillierten Segmentberichterstattungen, ist es also möglich, einen weiten Überblick über die starken und schwachen Produktsegmente des betrachteten Unternehmens zu erhalten. Mithilfe dieses Wissens können die Produktsegmente dann anschließend in die Boston Consulting Group (BCG-) Matrix übertragen werden, die dabei hilft, die Zukunftsfähigkeit der einzelnen Produktsegmente und somit ein Stück weit den zukünftigen Erfolg des Unternehmens zu prognostizieren. Die Segmentberichterstattung ist bei der Unternehmensbewertung dementsprechend wichtig.

Die BCG-Matrix dient vor allem dem Management von Unternehmen als Werkzeug für strategische Entscheidungen, kann jedoch auf von externen Personen genutzt werden, um das Unternehmen auf starke und schwache Produktsegmente hin zu analysieren. Es handelt sich dabei um eine Portfolio-Analyse, die die Geschäftseinheiten beziehungsweise Produktsegmente nach den Kriterien Marktwachstum und Marktanteil eingeordnet. Solche Produktsegmente, die einen niedrigen relativen Marktanteil besitzen und gleichzeitig lediglich ein niedriges Marktwachstum verzeichnen, werden als „poor dogs“ (deutsch: arme Hunde) bezeichnet. „Stars“ (deutsch: Sterne) sind hingegen die Produktsegmente, die ein hohes Marktwachstum bei gleichzeitig hohem relativen Marktanteil aufweisen. „Question Marks“ (deutsch: Fragezeichen) sind Produktsegmente mit einem hohen Marktwachstum, allerdings mit einem niedrigen relativen Marktanteil. „Cash Cows“ (deutsch: Geld Kühe) sind die Produktsegmente, die zwar nur ein niedriges Marktwachstum aufweisen, allerdings einen hohen relativen Marktanteil besitzen und ohne viel Investitionen lediglich „abgemolken“ werden. Je nach der Einteilung eines Produktsegments in die BCG-Matrix, wird mehr in diese investiert oder (für den Fall der armen Hunde) desinvestiert, da die Produktion und der Verkauf nicht mehr lohnend sind.

Nun, da bereits auf den Stellenwert der Segmentberichterstattung für die Unternehmensbewertung eingegangen wurde, folgt eine fiktive, **beispielhafte Darstellung einer Segmentberichterstattung** von einem Hersteller für Küchen, Küchenzubehör und Küchen-Elektrogeräte.

Position	Erläuterung
Ergebnis pro Aktie	Anzahl u. Veränderung ausstehender Aktien
Berichterstattung nach Segmenten u. Regionen	Ergebnis- u. Umsatzverteilung nach Regionen u. Segmenten
Sonst. betriebl. Erträge u. Aufwendungen	Inhalt der Erträge u. Aufwendungen der sonst. Geschäftstätigkeit
Finanzergebnis	Zusammensetzung des Finanzergebnis
Steueraufwand	Erwarteter u. tatsächlicher Steueraufwand
Immaterielle Vermögenswerte	Buchwerte, Zu- und Abgänge u. Abschreibungen der immater. Vermögensgegenstände
Sachanlagenspiegel	Buchwerte, Zu- und Abgänge u. Abschreibungen der Sachanlagen
Vorräte	Zusammensetzung von Abschreibungen
Forderungen	Forderungsstruktur u. Abschreibungen
Verbindlichkeiten	Fälligkeitsstruktur, Volumen u. Abschreibungen

Darstellung 22 - Beispiel für ersten Teil des Segmentberichts eines Küchengeräte-Herstellers

	Filialen	Tisch	Kaffeemasch	Elektro	Sonstige	Konzern
Außenumsatz	123.547	262.541	236.247	76.498	869	699.702
Intersegmenterlöse	/	31.217	/	1.243	-32.460	0
Segmentumsatz	123.547	293.758	236.247	77.741	-31.591	699.702
Segmentergebnis	107	10.528	31.731	-8.347	162	34.181
Abschreibungen	1.814	5.948	2.364	1.567	6.236	17.929

*Angaben jeweils in Tausend Euro

Darstellung 23 - Beispiel Segmentbericht

In der Darstellung 23 sind die verschiedenen Segmente des Beispiel-Unternehmens aufgeführt. Zu erkennen ist, dass sich die Umsätze der einzelnen Segmente in Außenumsatz und Intersegmenterlöse gliedern. Im Rahmen der Analyse ist besonders der Außenumsatz von Bedeutung. Der Intersegment- oder auch Innenumsatz wird von Unternehmen genutzt, um die Profitabilität einzelner Geschäftsbereiche zum Nachteil anderer Geschäftsbereiche positiv zu beeinflussen. So ist es also möglich, die Profitabilität von Geschäftsbereichen durch interne Verrechnungspreise zu verzerren. Ein Beispiel ist, dass die Filialen von Unternehmen, in denen die selbst hergestellten Produkte verkauft werden, extra margenschwach dargestellt werden, um den Geschäftskunden, sprich den anderen Unternehmen, die die Produkte erwerben und wiederum in ihren eigenen Filialen veräußern, den eigentlich überteuerten Einkaufspreis der Produkte zu verschleiern. So kann sich ein entscheidender Wettbewerbsvorteil vor konkurrierenden Unternehmen verschafft werden. Im Hinblick auf den Konzern als Ganzes werden die internen Verrechnungen logischerweise aufgehoben, da der Intersegmenterlös eines Segments gleichzeitig den Verlust eines andern darstellt. Im

Rahmen der Analyse und Interpretation der Segmentberichterstattung müssen diese Gestaltungsmöglichkeiten, die Unternehmen durch die interne Verrechnung haben, unbedingt berücksichtigt werden.

Neben dem Blick auf die Profitabilität der verschiedenen Bereiche, sollten auch die Abschreibungen und Investitionen innerhalb der Segmente betrachtet werden. Durch die weitere Auffächerung der Gewinn- und Verlust- sowie der Cash-Flow-Rechnung kann das ökonomische Verständnis der einzelnen Bereiche vergrößert werden. In der Darstellung 23 ist zu erkennen, dass das Segment „Tisch“ hohe Intersegmenterlöse aufweist. Zurückzuführen ist dies auf den Verkauf der Produkte an die eigenen Filialen.

1.5.5.2 Die Fälligkeitsstruktur

Weiter oben wurde bereits erwähnt, dass statt Fälligkeitsstruktur auch der Begriff Verbindlichkeitenspiegel genutzt werden kann. Im letzten Teil des Anhangs von Jahresabschlüssen findet sich in der Regel eine Übersicht, die die zu zahlenden Verbindlichkeiten nach dessen jeweiliger Fälligkeit beziehungsweise nach der Restlaufzeit ordnet. Im Verbindlichkeitenspiegel sind alle Bilanzposten der Verbindlichkeiten enthalten, sprich solche gegenüber Kreditgebern, Verbindlichkeiten aus Lieferungen und Leistungen sowie Verbindlichkeiten gegenüber verbundenen Unternehmen. Die Gesamthöhe dieser Positionen wird zum Bilanzstichtag bestimmt und anschließend eine Aufschlüsselung nach der jeweiligen Fälligkeit der Verbindlichkeiten durchgeführt. Dies wird in drei Zeitspannen vorgenommen: Verbindlichkeiten mit Restlaufzeit unter einem Jahr, zwischen einem und fünf Jahren und mehr als fünf Jahren.

Ihre kostenfreies Hörbuch

Dieses Buch können Sie als neuer Audible Nutzer kostenlos als Hörbuch genießen. Folgen Sie dem Link, um sich dieses Hörbuch jetzt kostenfrei zu sichern:

http://link.cherrymedia.de/CF07CD

2. KAPITEL – FINANZIELLE STABILITÄT – DIE WICHTIGSTEN KENNZAHLEN

IM RAHMEN DIESES ZWEITEN Kapitels werden die Kennzahlen, die zur Einschätzung und Analyse der finanziellen Lage von Unternehmen genutzt werden, vorgestellt und erläutert.

Grundsätzlich ist es bei einer langfristigen Geldanlage so, dass sich die Investition lohnen muss und somit eine angemessene Rendite abwerfen sollte (wird in Kapitel 4 behandelt). Damit ein Unternehmen eine angemessene Rendite abwerfen kann, ist es zunächst wichtig, dass dieses über eine solide Finanzierung und Kapitalstruktur verfügt. Hier wird nun gezeigt, welche Kennzahlen genutzt werden, um die finanzielle Lage von Unternehmen zu untersuchen und zu analysieren. Anschließend wird in Kapitel 3 auf das Working-Capital-Management eingegangen.

2.1 Die Eigenkapitalquote

Der Anteil des Eigenkapitals am Gesamtkapital eines Unternehmens wird von der Eigenkapitalquote angegeben. Normalerweise bedeutet eine hohe Eigenkapitalquote, dass das Unternehmen in finanzieller Hinsicht konservativ aufgestellt ist. Logischerweise ist die Verschuldung bei einer geringen Eigenkapitalquote hoch, da der Rest als logische

Konsequenz von Fremdkapital ausgemacht wird. Andersherum bedeutet eine hohe Eigenkapitalquote, dass die Verschuldung gering ist. Fremdkapital hat allerdings einen wichtigen Vorteil im Vergleich zum Eigenkapital, da Fremdkapitalzinsen steuerlich abziehbar sind und somit die gesamte Steuerlast senken können. Außerdem ist Fremd- günstiger als Eigenkapital, weil die Fremdkapitalgeber im Falle einer Insolvenz vorrangig behandelt werden. Das Risiko, im Falle einer Insolvenz nicht mit Vorrang behandelt zu werden, lassen sich die Eigenkapitalgeber nämlich bezahlen.

Darum wundert es nicht, dass in jedem Unternehmen ein gewisser Anteil an Fremdkapital zu finden ist. Nichtsdestotrotz erhöht sich das Risiko mit zunehmendem Fremdkapitalanteil, denn dadurch steigt die zu stemmende Zinslast. In schwierigen Zeiten müssen die Zinsen trotzdem getilgt werden und das geliehene Geld an die Fremdkapitalgeber zurückgezahlt werden. Eigenkapital hingegen hat keine Fälligkeit und Dividenden müssen nicht zwangsweise gezahlt werden. So haben Unternehmen mit hoher Eigenkapitalquote den Vorteil, dass diese in schwierigen Marktphasen ausreichend liquide Mittel besitzen, um weiterhin flexibel zu sein.

All den Anlegern, die einen langfristigen Anlagehorizont haben (das ist übrigens in der Regel zu empfehlen), sei geraten, die Unternehmen zu bevorzugen, die eine hohe Eigenkapitalquote aufweisen und somit auch kritische Marktphasen ohne existenzielle Probleme überstehen können. Im Hinblick auf die Höhe der Eigenkapitalquote ist es wichtig, einen genauen Blick auf das Geschäftsmodell des Unternehmens zu werfen. Unternehmen, die gerade erst gegründet wurden und bei denen dementsprechend Unsicherheit über das zukünftige Bestehen herrscht, weisen im besten Fall eine sehr hohe Eigenkapitalquote auf und sorgen so für schlechte Zeiten vor. Unternehmen hingegen, die bereits am Markt etabliert sind und über stabile Geschäftsmodell verfügen, können auch niedrigere Eigenkapitalquoten aufweisen, ohne der Gefahr ausgesetzt zu sein, in schwierigen Marktphasen keine finanzielle Grundlage mehr zu haben.

Die Formel zur Berechnung der Eigenkapitalquote lautet:

Eigenkapitalquote = Eigenkapital/Bilanzsumme

Es ist wichtig, dass die Eigenkapitalquote stets aus zwei unterschiedlichen Perspektiven aus betrachtet wird. Zum einen spielt das Risiko eine Rolle und zum anderen die Rendite. Im Hinblick auf das Risiko ist an dieser Stelle zu erwähnen, dass die Chefetagen vieler Unternehmen in guten, erfolgreichen Zeiten dazu neigen, Fremdkapital aufzunehmen, um dadurch den Unternehmenswert zu erhöhen. Der sogenannte Hebel- oder auch Leverage-Effekt, der dadurch entsteht und bereits viele Unternehmen in eine ernste Lage gebracht hat, sollte nicht unterschätzt werden. Ein Beispiel ist der gescheiterte Übernahme Versuch von Volkswagen durch Porsche. Die Übernahme sollte durch Aktienkäufe, die mit Fremdkapital finanziert wurden, verlaufen und scheiterte, wie allgemein bekannt sein sollte, kläglich. Schlussendlich kam es sogar dazu, dass Volkswagen Porsche übernommen hat.

Die Berechnung der Eigenkapitalquote wird im folgenden **Beispiel** erläutert:

Das fiktive Unternehmen Maschinenbau AG weist zum 31.12.2015 die folgende Passiva auf:

	2015
Eigenkapital	102.163
Langfrist. finanzielle Verbindlichkeiten	0
Langfristige Rückstellungen	2.285
Verbindlichkeiten aus Lieferungen und Leistungen	4.647
Kurzfristige Rückstellungen	22.053
Sonstige Verbindlichkeiten	7.394
Bilanzsumme	138.542

*Angaben jeweils in Tausend Euro

Darstellung 24 - Eigenkapitalquote (Beispiel Berechnung)

Die Eigenkapitalquote der Maschinenbau AG beträgt:

Eigenkapitalquote = 102.163 Tausend Euro/138.542 Tausend Euro = 73,74 %

Die Eigenkapitalquote von 73,74 % ist als sehr gut zu bewerten und bescheinigt der Maschinenbau AG Krisenfestigkeit.

2.2 Nettoverschuldung/Gewinn vor Zinsen, Steuern, Abschreibungen

Die Kennzahl Nettoverschuldung/Gewinn vor Zinsen, Steuern, Abschreibungen (engl: Net Debt/EBITDA [Earnings before interest, taxes, depreciation and amortization]) setzt die Nettoverschuldung eines Unternehmens in Vergleich mit dem Ergebnis beziehungsweise Gewinn vor Zinsen, Steuern und Abschreibungen. Der Gewinn vor Zinsen, Steuern und Abschreibungen stellt den Betrag dar, der in der kurzen Frist zur Bedienung der Zinslast verwendet werden kann. Wissenswert ist hier, dass das EBITDA näherungsweise dem Brutto-Cash-Flow entspricht und Kennzahl eine Messung über die Sicherheit von Rückzahlungen der Finanzverbindlichkeiten eines Unternehmens ermöglicht. Je mehr Verbindlichkeiten von dem EBITDA gedeckt werden, desto größer ist die Wahrscheinlichkeit, dass eine vollständige Rückzahlung erfolgen wird.

Die Formel zur Berechnung des EBITDA lautet wie folgt:

EBITDA = EBIT + Abschreibungen

Die Formel zur Bestimmung der Kennzahl Nettoverschuldung/Gewinn vor Zinsen, Steuern, Abschreibungen sieht logischerweise so aus:

Nettoverschuldung/(Gewinn vor Zinsen,Steuern u.Abschreibungen)

Auch an dieser Stelle soll nicht auf ein Beispiel zur näheren Erklärung verzichtet werden:

Ein beliebiges Unternehmen weist einen operativen Gewinn von 50 Millionen Euro sowie Abschreibungen in Höhe von 25 Millionen Euro aus. Außerdem besteht eine Nettoverschuldung von 150 Millionen Euro. Zunächst wird das EBITDA berechnet:

EBITDA = 50 Millionen Euro + 25 Millionen Euro = 75 Millionen Euro

Das Net Debt/EBITDA berechnet sich dann so:

150 Millionen Euro/75 Millionen Euro = 2

Das Net Debt/EBITDA beträgt 2. Werte über 3 sind bereits als kritisch zu betrachten und solche über 8 lassen den Schluss zu, dass eine vollständige Tilgung der Finanzverbindlichkeiten nur aus dem Cash-Flow nicht möglich sein wird. Werte des Net Debt/EBITDA von unter 1 sind als sehr gut zu bewerten und sagen aus, dass die Wahrscheinlichkeit für eine komplette Rückzahlung der Finanzverbindlichkeiten aus dem Cash-Flow höchst wahrscheinlich ist.

2.3 Das Gearing

Die Kennzahl Gearing dient der Beurteilung der finanziellen Stabilität von Unternehmen. Das Gearing zeigt auf, zu welchem Grad die Finanzverbindlichkeiten abzüglich der flüssigen Mittel, sprich die Nettofinanzverbindlichkeiten, durch das Eigenkapital im Unternehmen gedeckt sind. Diese Kennzahl ist aussagekräftig, da alle wichtigen Bestandteile der Bilanz im Hinblick auf die finanzielle Stabilität des Unternehmens berücksichtigt werden und in die Berechnung mit einfließen.

Gearing = (Finanzverbindlichkeiten -liquide Mittel)/ Eigenkapital

Ein entscheidender Unterschied zur Eigenkapitalquote besteht darin, dass die Gearing-Kennzahl ausschließlich die Finanzverbindlichkeiten, sprich solche, die zinstragend sind, berücksichtigt. Die Eigenkapitalquote hingegen zieht indirekt alles Verbindlichkeiten mit in die Berechnung ein. Dies bewirkt, dass das Gearing die Bestände an Verbindlichkeiten aus Lieferungen und Leistungen positiv bewertet, weil diese Kredite ohne Verzinsung darstellen und diesen in der Regel Forderungen und Leistungen gegenüberstehen. Im Hinblick auf das Gearing gilt also, dass, je höher die Kennzahl ist, desto höher ist auch der Grad der Verschuldung des Unternehmens. Andersherum gilt logischerweise, je niedriger das Gearing, desto niedriger ist auch die Verschuldung des Unternehmens. Die Gearing-Kennzahl kann auch negativ sein, nämlich, wenn die liquiden Mittel die Finanzverbindlichkeiten überschreiten und das Unternehmen somit schuldenfrei ist.

Im Hinblick auf das Verhältnis von Rendite zu Risiko ist hier festzuhalten, dass ein Gearing zwischen 10 % und 20 % als optimal zu bewerten ist. Begründet ist dies dadurch, dass im Unternehmen nicht zu viele liquide Mittel angehäuft und gleichzeitig nicht die finanzielle Stabilität vernachlässigt wird. Vorsicht ist ab einem Gearing von 70 % geboten, während Werte von 20 % bis 50 % noch als gut zu bewerten sind. Erreicht das Gearing einen Wert über 100 % (die Nettofinanzschulden übersteigen das Eigenkapital), so sollte das betroffene Unternehmen entweder eine Kapitalerhöhung durchführen oder nach Möglichkeiten der Entschuldung suchen.

Auch die Berechnung des Gearing soll anhand eines **Beispiels** verdeutlicht werden:

Es sei angenommen, dass ein fiktives Unternehmen, die 123 AG, zinstragende Schulden in Höhe von 1.054 Millionen Euro hat. Die Zahlungsmittel betragen 294 Millionen Euro und das Eigenkapital 489 Millionen Euro. Bevor nun die Rechnung durchgeführt wird, soll darauf hingewiesen werden, dass bereits jetzt zu erkennen ist, dass das Gearing über 100 % ausfallen wird, da die Nettofinanzschulden das Eigenkapital übersteigen.

Gearing =(1.054 Millionen Euro - 294 Millionen Euro)/489 Millionen Euro = 155 %

Die 123 AG hat mit 155 % ein besorgniserregend hohes Gearing.

Ein weiteres **Beispiel** folgt:

Die 789 AG, ein fiktives Unternehmen, weist ein Eigenkapital in Höhe von 2.750 Millionen Euro auf. Die Finanzverbindlichkeiten liegen bei 260 Millionen Euro und die Zahlungsmittel haben den Stand von 550 Millionen Euro. Wie im Beispiel zuvor, ist auch hier direkt zu erkennen, dass die Gearing-Kennzahl negativ ausfallen wird, da die Zahlungsmittel höher sind, als die Finanzverbindlichkeiten.

Gearing = (260 Millionen Euro -550 Millionen Euro)/2.750 Millionen Euro = -10,5 %

Wissenswert ist an dieser Stelle, dass ein negatives Gearing als Netto-Kassenposition (engl.: Net Cash Position) bezeichnet wird und der genaue Wert in der Regel nicht berechnet wird. Ein entscheidender Grund dafür ist, dass die finanzielle Stabilität sowieso immer dann gewährleistet ist, wenn die liquiden Mittel (Zahlungsmittel) die Finanzverbindlichkeiten übersteigen.

Das Gearing sollte stets im Zusammenhang mit dem dynamischen Verschuldungsgrad und der Entwicklung des Cash-Flows des Unternehmens betrachtet werden. Kommt es zu einer Übernahme, so steigt das Gearing schnell auf hohe, kritische Werte, die allerdings kein Problem darstellen, solange diese durch den Cash-Flow der Vorjahre abgetragen werden kann.

2.4 Der dynamische Verschuldungsgrad

Der dynamische Verschuldungsgrad gibt die theoretische Dauer für die Tilgung von Schulden in Jahren an, wenn das Unternehmen den kompletten Free-Cash-Flow für die Tilgung von Schulden nutzt. Durch Schwankungen des Free-Cash-Flow ist es ratsam, stets mit einem Durchschnitt aus den Vorjahren zu rechnen.

Dynamischer Verschuldungsgrad = (Finanzverbindlichkeiten -liquide Mittel)/(Free-Cash-Flow)

Im direkten Vergleich mit dem Gearing, bietet der dynamische Verschuldungsgrad den Vorteil, dass die Einkommensseite mit in die Betrachtung einfließt. Das ist sinnvoll, da es auch Fälle gibt, in denen Unternehmen mit niedrigem Gearing in eine finanzielle Notlage geraten, nämlich, wenn auf der Einkommensseite keine Cash-Flows erwirtschaftet werden, mit denen die Schulden bedient werden können. Grundsätzlich sind Werte des dynamischen Verschuldungsgrades unter 2 Jahren als sehr gut zu betrachten. Ab 5 Jahren gilt, dass der Grad der Verschuldung als kritisch zu beurteilen ist.

Im Hinblick auf die Berechnung des dynamischen Verschuldungsgrades von jungen Unternehmen, die sich in der Wachstumsphase befinden und hohe Investitionen tätigen und somit einen niedrigen oder gar negativen Free-Cash-Flow aufweisen, sollte stets der mittelfristig zu erwartende Free-Cash-Flow genutzt werden.

An dieser Stelle soll den Leserinnen und Lesern nicht vorenthalten werden, dass Unternehmen, die über sehr stabile Geschäftsmodelle verfügen und geringe Reinvestitionsraten aufweisen, auch mit viel Fremdkapital finanziert sein können, ohne, dass dadurch übermäßig auf finanzielle Stabilität verzichtet wird. Es ist sinnvoll, den dynamischen Verschuldungsgrad zusammen mit dem Gearing zu betrachten. Wenn Fremdkapital für den Rückkauf von Aktien oder für Ausschüttungen von Dividenden verwendet wird, dann fällt die Gearing-Kennzahl und somit die finanzielle Stabilität sehr schlecht aus. Wird jedoch ein Blick auf den dynamischen Verschuldungsgrad und somit auch auf die Generierung des Free-Cash-Flow geworfen, so ist die finanzielle Stabilität, natürlich je nach der Höhe desselben, nicht ganz so kritisch zu bewerten. Bei einem dynamischen Verschuldungsgrad unter 5 Jahren ist davon auszugehen, dass das Unternehmen zwar hoch verschuldet ist (Gearing!) aber dennoch ausreichend Zahlungsströme im operativen Geschäft generiert, um ausreichend finanziell stabil zu sein.

Das nachfolgende **Beispiel** zeigt, wie der dynamische Verschuldungsgrad berechnet wird:

Ein Unternehmen weist in der Bilanz ein Fremdkapital in Höhe von 6 Millionen Euro auf. Der im jährlich generierte Free-Cash-Flow beträgt 1,8 Millionen Euro und die liquiden Mittel belaufen sich auf 500.000 Euro.

Dynamischer Verschuldungsgrad = (6 Millionen Euro -0,5 Millionen Euro)/1,8 Millionen Euro = 3,06

Der dynamische Verschuldungsgrad des betrachteten Unternehmens beträgt 3,06. Das bedeutet, dass das Unternehmen in der Lage ist, die Verschulung in 3,06 Jahren zu tilgen, wenn dafür der gesamte, konstant bleibende Free-Cash-Flow verwendet werden würde.

2.5 Die Sachinvestitionsquote

Die Sachinvestitionsquote gibt an, inwiefern Sachinvestitionen getätigt werden beziehungsweise getätigt werden müssen, um regelmäßig Cash-Flow generieren zu können.

Erzielt ein Unternehmen nämlich beispielsweise einen jährlichen Gewinn von 2,5 Millionen Euro, muss jedoch alle zwei Jahre 5 Millionen Euro in neue Anlagen investieren, um wettbewerbsfähig zu bleiben. Schlussendlich bedeutet das, dass dem Unternehmen kein Geld entzogen werden kann, obwohl jährlich Gewinne erzielt werden. Die Sachinvestitionsquote beschreibt dies und setzt die Sachinvestitionen ins Verhältnis mit dem operativen Cash-Flow. Da es in der

Praxis so ist, dass das Betriebskapital Schwankungen unterliegt und der operative Cash-Flow somit auch, werden oft statt des operativen Cash-Flows die Cash Earnings (Gewinn + Abschreibungen + andere zahlungsunwirksame Positionen) für die Berechnung der Sachinvestitionsquote verwendet. Die Formel lautet wie folgt:

Sachinvestitionsquote = Sachinvestitionen/operativer Cash-Flow

Aus dem kleinen Beispiel mit dem Unternehmen, dass jährlich zwar 2,5 Millionen Gewinn erzielt, alle zwei Jahren jedoch 5 Millionen in Anlagen investieren muss, geht hervor, dass eine Sachinvestitionsquote von mehr als 100 % auf langfristige Sicht fatal für jedes Unternehmen ist, denn wer mehr Geld ausgibt, als durch das operative Geschäft generiert wird, der ist auf Kredite angewiesen und wird sich überschulden. Mit steigender Verschuldung geht automatisch eine Abnahme der Kapitaldecke sowie der Eigenkapitalquote des Unternehmens einher. In anderen Worten formuliert sind Unternehmen mit hohen Sachinvestitionsquoten uninteressant für langfristig orientierte Investoren, weil ein hoher Kapitalbedarf besteht, um das operative Geschäft aufrecht zu erhalten. Für Unternehmen, die kapitalintensiven Branchen angehören, sind Sachinvestitionsquoten zwischen 70 % und 100 % keine Seltenheit.

Das nachfolgende Beispiel veranschaulicht die Berechnung der Sachinvestitionsquote anhand eines fiktiven Automobilherstellers:

Die PKW AG hat Ende das Jahres 2015 die folgende verkürzte Cash-Flow-Rechnung:

	2015
Brutto-Cash-Flow	1.150
Veränderungen Betriebskapital	+174
Cash-Flow aus operativer Geschäftstätigkeit	1.108
Investitionen in Sachanlagen	-209
Aktivierte Entwicklungskosten	-154

*Angaben jeweils in Millionen Euro

Darstellung 25 – Die Sachinvestitionsquote (Beispiel Berechnung)

Für Automobilhersteller ist es üblich, dass die Entwicklungskosten als Vermögenswert aktiviert und anschließend über die Nutzungsdauer abgeschrieben werden. Die Gewinn- und Verlustrechnung zeigt deshalb diesen Geldabfluss nicht. Nun ist es hier jedoch so, dass die Entwicklungstätigkeit und somit auch die Kosten derselben dem operativen Mittelzufluss zuzuordnen sind, weshalb der operative Cash-Flow um die Entwicklungskosten bereinigt werden sollte.

Der bereinigte operative Cash-Flow lautet also:

Cash-Flow = 1.108 Millionen Euro – 154 Millionen Euro = 954 Millionen Euro

Sachinvestitionsquote = 209 Millionen Euro/954 Millionen Euro = 21,9 %

Für einen Automobilhersteller ist die Sachinvestitionsquote der PKW AG von 21,9 % als sehr gering und somit als überaus gut zu bewerten. Außerdem lässt sich daraus schließen, dass das Unternehmen eine sehr gute Marktstellung innehat.

2.6 Der Anlagenabnutzungsgrad

Im vorherigen Unterkapitel haben die Leserinnen und Leser gelernt, dass eine geringe Sachinvestitionsquote als gut und dass eine hohe Sachinvestitionsquote als bedenklich einzustufen ist. Allerdings kann eine niedrige Sachinvestitionsquote in manchen Fällen auch darauf zurückgeführt werden, dass das Unternehmen schlichtweg zu wenig investiert. Es gilt also, dass Investitionsvolumen zu untersuchen, da Manager immer wieder auf den Gedanken kommen, den Free-Cash-Flow kurzfristig durch den Verzicht auf Investitionen zu erhöhen. In eher wenig kapitalintensiven Branchen, wie der IT-Branche, ist es ebenso wichtig, nicht auf Investitionen zu verzichten. Dies belegen einige Beispiele, die eindrucksvoll unter Beweis stellen, wie wohl durchdachte Investitionen, beispielsweise in computergesteuerte Logistik-Systeme, die Effizienz deutlich steigern und dadurch Kosten gesenkt werden können.

Im Hinblick auf die Praktik des Verzichts auf Investitionen, um den Free-Cash-Flow kurzfristig zu steigern, hilft der Anlagenabnutzungsgrad dabei, diese zu erkennen. Die

Formel zur Berechnung lautet:

Anlagenabnutzungsgrad = (Kumulierte Abschreibungen auf Sachanlagen)/(Sachanlagen zu historischen Anschaffungskosten)

Die Aussage des Anlagenabnutzungsgrades ist, zu welchem Anteil das Anlagevermögen bereits abgeschrieben wurde. Ein hoher Anlagenabnutzungsgrad zeigt, dass in Zukunft hohe Investitionen für die Ersetzung alter Anlagen erforderlich sind. Besonders interessant ist dabei stets der Vergleich mit konkurrierenden Unternehmen derselben Branche. Wichtig ist, dass diese Kennzahl kritisch hinterfragt wird, weil es Vermögenswerte gibt, die zwar bereits komplett abgeschrieben, jedoch noch immer in Betrieb sind.

Das nachfolgende **Beispiel** soll die Berechnung des Anlagenabnutzungsgrades verdeutlichen:

Es soll angenommen werden, dass das fiktive Unternehmen R den folgenden Sachanlagenspiegel ausweist:

Sachanlagen zum 31.12.2015 (historische Anschaffungskosten)	60.065
Sachanlagen zum 31.12.2014 (historische Anschaffungskosten)	63.480
Sachanlagen zum 31.12.2013 (historische Anschaffungskosten)	64.854
Kumulierte Abschreibungen zum 31.12.2015	38.581
Kumulierte Abschreibungen zum 31.12.2014	40.364
Kumulierte Abschreibungen zum 31.12.2013	42.556

*Angaben jeweils in Millionen Euro

Darstellung 26 - Anlagenabnutzungsgrad (Beispiel Berechnung)

Analgenabnutzungsgrad 2015 = 38.581 Millionen Euro/60.065 Millionen Euro = 64,23 %

Analgenabnutzungsgrad 2014 = 40.364 Millionen Euro/63.480 Millionen Euro = 63,69 %

Analgenabnutzungsgrad 2013 = 42.556 Millionen Euro/64.845 Millionen Euro = 65,63 %

Ein klarer Trend lässt sich innerhalb dieser drei Jahre nicht erkennen. Wird der historische Wert des von 51,6 % aus dem Jahr 2008 in die Betrachtung aufgenommen, so lässt sich sagen, dass das Unternehmen R zwischen 2008 und 2015 zu wenig Investitionen in Anlagen getätigt hat.

2.7 Die Geldverbrennungsrate

Die Geldverbrennungsrate, die besser unter dem Begriff Cash-Burn-Rate bekannt ist, gibt an, wie lange ein Unternehmen höchstens defizitär wirtschaften kann. Vor allem im Hinblick auf neu gegründete Unternehmen, die oft einen hohen, die Cash-Flows übersteigenden Kapitalbedarf aufweisen, ist die Cash-Burn-Rate interessant. Die Rechnung wird wie folgt durchgeführt:

Cash-Burn-Rate = Eigenkapital/|Jahresfehlbetrag|

(Die Betragsstriche im Nenner sind deshalb erforderlich, weil der Jahresfehlbetrag, sprich der Verlust, stets ein negatives Vorzeichen hat, jedoch ein Ergebnis im positiven Bereich ermittelt werden soll.)

Das Ergebnis der Division von Eigenkapital durch den Jahresfehlbetrag gibt die höchst mögliche, maximale Anzahl an hinzunehmenden Verlustjahren an. Je kleiner die Cash-Burn-Rate ausfällt, desto dringender wird eine Kapitalerhöhung, um einer Insolvenz zuvor zu kommen. Hat ein Unternehmen also eine Cash-Burn-Rate von drei Jahren, so bedeutet dies, dass das Eigenkapital erst nach drei aufeinanderfolgenden Verlustjahren aufgebraucht wäre. Investoren sollten stets eine Einschätzung treffen, wann das Unternehmen die

Verlustzone voraussichtlich verlassen wird. Im Hinblick auf das kleine Beispiel würde die Rücklagen also ausreichen, wenn die Gewinnzone nach einem Jahr erreicht wird. Wichtig ist es, stets eine pessimistische Einschätzung abzugeben, weil ein Totalverlust droht, wenn zu optimistisch prognostiziert wurde.

Im nachfolgenden **Beispiel** werden zwei fiktive Unternehmen betrachtet und auf die Cash-Burn-Rate untersucht:

Das Unternehmen X und das Unternehmen Y haben im Jahr 2015 beide einen Börsenwert von 450.000 Euro und ein Eigenkapital von jeweils 1.150.000 Euro. Die Verluste beziehungsweise Jahresfehlbeträge sind in folgender Darstellung aufgeführt:

Jahr	Ergebnis Unt. X	Ergebnis Unt. Y
2012	-3.150.000,00	-4.150.000,00
2013	-2.650.000,00	-3.150.000,00
2014	-2.150.000,00	-2.150.000,00
2015	-1.650.000,00	-1.150.000,00

*Angaben jeweils in Euro

Darstellung 27 - Cash-Burn-Rate (Beispiel Berechnung)

Für das Jahr 2015 ergeben sich dementsprechend die nachfolgend aufgeführten Berechnungen der Cash-Burn-Rate:

Cash-Burn-Rate (Unt.X) = 1.150.000 Euro/|-1.650.000 Euro| = 0,696969 Jahre = 8,3 Monate

Cash-Burn-Rate (Unt.Y) = 1.150.000 Euro/|-1.150.000 Euro| = 1 Jahr = 12 Monate

Das Unternehmen X kann also für höchstens 8,3 Monate defizitär wirtschaften beziehungsweise 8,3 verlustreiche Monate verkraften. Das Unternehmen Y hingegen kann 12 verlustreiche Monate überstehen, ohne in existenzielle Probleme zu geraten. Es ist ganz einfach ersichtlich, dass beide Unternehmen innerhalb eines Jahres ihr Eigenkapital komplett aufbrauchen müssen. Eine Alternative dazu wäre frisches Geld von den Aktionären im Rahmen einer Kapitalerhöhung einzusammeln. Dadurch werden allerdings die Aktionäre verwässert, was als negativ zu bewerten ist. Beide Unternehmen (X und Y) stellen also keine gute Investitionsmöglichkeit dar. Wenn allerdings zwischen beiden entschieden werden müsste, dann sollte hinsichtlich der Cash-Burn-Rate das Unternehmen Y gewählt werden. Grundsätzlich sollte jedoch von Investitionen in Unternehmen mit einer Cash-Burn-Rate von unter 2 Jahren, sprich 24 Monaten, Abstand genommen werden.

2.8 Die Wachstumsquote

Bei der Wachstumsquote handelt es sich um eine dynamische Kennzahl, die die realisierten Investitionen mit den Abschreibungen ins Verhältnis setzt. In der Regel sind Investitionen eng mit Wachstum und Wachstum eng mit Investitionen verbunden. Unternehmen, bei denen die Investitionen die jährlichen Abschreibungen übertreffen, befinden sich in der Regel in einer Expansionsphase. Bei einem Wert von unter 100 % sollte unbedingt überprüft werden, ob das Unternehmen die Abschreibungsraten zu hoch ansetzt, auf

Kosten der Kapitalsubstanz lebt oder aber die niedrigen Investitionen gerechtfertigt sind.

Die Formel für die Berechnung der Wachstumsquote lautet:

Wachstumsquote = Investitionen/Abschreibungen

Das nachfolgende **Beispiel** veranschaulicht die Berechnung der Wachstumsquote:

Ein fiktives Unternehmen weist die folgenden, in Tabellenform festgehaltenen, Abschreibungen und Investitionen der Jahre 2013 bis 2015 aus.

Netto-Investitionen 2015	11.800.000
Netto-Investitionen 2014	12.600.000
Netto-Investitionen 2013	15.150.000
Abschreibungen 2015	7.265.000
Abschreibungen 2014	7.200.000
Abschreibungen 2013	6.800.000

*Angaben jeweils in Euro

Darstellung 28 - Wachstumsquote (Beispiel Berechnung)

Die Wachstumsquoten des Unternehmens betragen also:

Wachstumsquote 2015 = 11.800.000 Euro/7.265.000 Euro = 162,4 %

Wachstumsquote 2014 = 12.600.000 Euro /7.200.000 Euro = 175 %

Wachstumsquote 2013 = 15.150.000 Euro/6.800.000 Euro = 223 %

Direkt ersichtlich ist, dass die Wachstumsdynamik des Unternehmens hinsichtlich der Investitionstätigkeit innerhalb der drei betrachteten Jahre abgenommen hat. Nichtsdestotrotz lässt sich dem Unternehmen weiterhin bescheinigen, dass es expandiert beziehungsweise wächst, da die Wachstumsraten deutlich über 100 % liegen.

2.9. Die Umlaufintensität

Umlaufvermögen ist kurzfristig im Unternehmen gebundenes Kapital. Eine hohe Umlaufintensität kommt einem hohen Maß an Anpassungsfähigkeit und finanzieller Flexibilität gleich. (Im Hinblick auf die erhöhte Flexibilität ist diese allerdings nur dann gegeben, wenn die Vorräte schnell verkauft und Forderungen zeitnah eingetrieben werden können.) Dies ist vor allem in Branchen, die besonders schnelllebig sind, wichtig, um sich gegen die Konkurrenz durchsetzen zu können. Wenn die Umlaufintensität eines Unternehmens gering ist, so bedeutet das, dass der Großteil der Vermögenswerte im Anlagevermögen, also in Maschinen, Fabriken, Filialen, Fuhrpark, etc., gebunden ist. Doch mehr über die Anlagenintensität im folgenden Unterkapitel.

Die Formel für die Berechnung der Umlaufintensität lautet:

Umlaufintensität =Umlaufvermögen/Bilanzsumme

2.10 Die Anlagenintensität

Die Anlagenintensität stellt das Gegenstück zur Umlaufintensität dar und berechnet sich mit der folgenden Formel:

Anlagenintensität =Anlagevermögen/Bilanzsumme

Handelsunternehmen, die über eine geringe Anlagenintensität verfügen, haben die Möglichkeit, schnell auf neue Trends zu reagieren, indem die alten, aktuell von den Verbrauchern nicht mehr nachgefragten Produkte aus dem Sortiment genommen und nicht weiter bei dem Produzenten bestellt werden. Die letzteren, sprich die Produzenten, habe allerdings in der Regel eine höhere Anlagenintensität und verfügen über Maschinen, die nur ein einzelnes Produkt herstellen können. So fällt es vielen Produzenten schwer, auf neue Markttrends zu reagieren. Deshalb ist es für Unternehmen, die über eine hohe Anlagenintensität verfügen, wichtig, stets stark im Voraus zu planen, um von neuen Trends nicht überrascht zu werden.

Im Hinblick auf die Umlauf- und Anlagenintensität als Kennzahlen für die Bewertung von Unternehmen, ist an dieser Stelle zu erwähnen, dass auch hier wichtig ist, stets das Geschäftsmodell als Ganzes zu betrachten. Eine hohe Anlagenintensität bedeutet nicht immer, dass das betroffene Unternehmen nicht flexibel ist. Je nach Geschäftsmodell können einzelnen Faktoren dafür sorgen, dass die Flexibilität trotz hoher Anlagenintensität gewährleistet bleibt.

2.11 Der Anlagendeckungsgrad 1 und 2

Der Anlagendeckungsgrad 1 gibt die prozentuale Deckung des Anlagevermögens durch das Eigenkapital eines Unternehmens an. Im Hinblick auf die Finanzierung von Unternehmen, die in der Regel auch aus langfristigem Fremdkapital besteht, sind Werte zwischen 70 % und 90 % als hinreichend einzustufen. Die sogenannte goldene Bilanzregel besagt, dass das langfristige Vermögen eines Unternehmens auch langfristig finanziert sein sollte, um nicht in Zahlungsschwierigkeiten zu geraten.

Die Formel zur Berechnung des Anlagendeckungsgrades 1 lautet:

Anlagendeckungsgrad 1 = Eigenkapital/Anlagevermögen

Der Anlagendeckungsgrad 2 berücksichtigt neben dem Eigenkapital auch das langfristige Fremdkapital und setzt diese in ein Verhältnis mit dem Anlagevermögen. Der Anlagendeckungsgrad 2 hilft also dabei, den Finanzierungsgrad von Unternehmen zu bewerten. Ist der Wert des Anlagendeckungsgrades 2 über 100 %, so bedeutet dies, dass auch Teile des Umlaufvermögens langfristig finanziert sind und somit die Gefahr von Zahlungsschwierigkeiten gering ist. Ist der Wert des Anlagedeckungsgrades 2 jedoch geringer als 100 %, so besteht die Gefahr, dass die kurzfristigen Finanzverbindlichkeiten nicht beglichen werden können. Der Zielwert für den Anlagendeckungsgrad 2 liegt in etwa zwischen 120 % und 140 %.

Die Formel zur Berechnung des Anlagendeckungsgrades 2 lautet:

Anlagendeckungsgrad 2 = (Eigenkapital+langfristiges Fremdkapital)/Anlagevermögen

Die Berechnung von Anlagendeckungsgrad 1 und 2 soll nun anhand eines **Beispiels** eines fiktiven Unternehmens, der Z AG, aufgezeigt und verdeutlicht werden.

Die fiktive (gekürzte) Bilanz der Z AG zum 31.12.2015 sieht folgendermaßen aus:

Aktiva		Passiva	
Langfrist. Vermögen	30,4	Eigenkapital	46,3
Kurzfrist. Vermögen	119,5	Langfrist. Verbindlichk.	16,7
		Kurzfrist. Verbindlichk.	84,8
Bilanzsumme	150,9	Bilanzsumme	154,3

*Angaben jeweils in Millionen Euro

Darstellung 29 – Der Anlagendeckungsgrad 1 u. 2 (Beispiel Berechnung)

Wenn ein kurzer Blick auf die Aktiva geworden wird, fällt direkt auf, dass das kurzfristige Vermögen fast das Vierfache des langfristigen Vermögens beträgt. Somit hat die Z AG eine vergleichsweise hohe Umlaufintensität und bindet dementsprechend viel Kapital in Forderungen, Vorräten und Zahlungsmitteln. Hier sollen nun aber die Anlagendeckungsgrade berechnet werden.

Anlagendeckungsgrad 1 = 46,3 Millionen Euro/30,4 Millionen Euro = 152,3 %

Anlagendeckungsgrad 2 = (46,3 Millionen Euro+16,7 Millione Euro)/30,4 Millionen Euro = 207,2 %

Beide Werte, sprich für Anlagendeckungsgrad 1 und 2, liegen deutlich über den Zielwerten. Diese Werte bedeuten, dass zwar viel Kapital im Unternehmen gebunden ist, die finanzielle Sicherheit desselben jedoch trotzdem gewährleistet ist.

2.12 Der Firmenwert-Anteil

Der Firmenwert- oder auch Goodwill-Anteil ist, wie hier bereits im Rahmen des Buches erwähnt wurde, der Mehr- beziehungsweise Aufpreis, den ein Unternehmen über den Buchwert hinaus für die Übernahme eins anderen Unternehmens zu zahlen bereit ist. Für die Berechnung des Goodwill-Anteils wird der Goodwill mit dem Eigenkapital ins Verhältnis gesetzt. Die Formen sieht so aus:

Goodwill-Anteil = Goodwill/Eigenkapital

Übernimmt ein Unternehmen ein anderes, so ist das erste dazu verpflichtet, auf jährlicher Basis einen Werthaltigkeitstest durchführen. Dieser überprüft, ob die Höhe des in der Bilanz ausgewiesenen Goodwills auch gerechtfertigt ist. Begründet wird diese Pflicht dadurch, dass Unternehmen regelmäßig den Goodwill deutlich zu optimistisch und somit zu hoch ansetzen und auf diese Weise die Bilanz verzerren. Immer dann, wenn der Goodwill zu hoch in der Bilanz ausgewiesen wird, muss anschließend eine außerplanmäßige Abschreibung vorgenommen werden, wodurch der Gewinn geschmälert wird. Grund für einen zu hohen Goodwill sind schlichtweg zu hohe Kaufpreise, die bei Übernahmen von Unternehmen verlangt werden. Wichtig ist, dass nun klar ist, dass ein zu hoch angesetzter Goodwill dafür sorgt, dass, sollten außerplanmäßige Abschreibungen erforderlich sein, das Eigenkapital gemindert wird. Und eben aus diesem Grund ist es wichtig, dass der Goodwill keinen großen Anteil am Eigenkapital eines Unternehmens hat. Der Goodwill-Anteil sollte 30 % nicht übersteigen.

3. KAPITEL – WORKING CAPITAL MANAGEMENT – WICHTIGE KENNZAHLEN

GROSSE HANDELSKONZERNE HABEN DEN entscheidenden Vorteil, dass diese dank ihrer herausragenden Marktstellung genießen. Dieser Vorteil besteht darin, dass bei den Zulieferern, die oft auf die großen Handelskonzerne als deren Kunden angewiesen sind, attraktive Fristen für die Begleichung von Zahlungen verhandelt werden. So ist es in vielen Fällen so, dass die Ware eingekauft wurde, jedoch erst nach Wochen oder Monaten bezahlt werden. Auf der anderen Seite ist es natürlich attraktiv, wenn die Zahlungen bereits bei dem Unternehmen eingehen, bevor die Waren ausgeliefert werden. Zum Beispiel der Computerhersteller DELL arbeitet so, indem er sich von den Kunden per Vorkasse bezahlen lässt und verschafft sich auf diese Art und Weise einen zinslosen Kredit, genauso, wie es die Handelskonzerne tun, die sich zunächst beliefern lassen und anschließend, geraume Zeit später, die Zahlung tätigen. So lässt sich die Rentabilität von Unternehmen steigern (mehr zu wichtigen Rentabilitäts-Kennzahlen in Kapitel 4).

Das Working Capital Management bündelt die ideale Menge an Waren, Zahlungsmitteln und Forderungen, sprich das Umlaufvermögen und den ökonomisch günstigen Betrag an kurzfristigem Fremdkapital. Wenn ein adäquates Working Capital Management durchgeführt wird, so ist es möglich, die Kapitalbindung innerhalb des Unternehmens zu senken,

Mittel freizusetzen und die Rentabilität der Unternehmung zu steigern.

Vor dem Hintergrund, dass auch erfolgreiche Unternehmen, die hohe Umsätze erzielen, aber ein schlichtweg schlechtes Working Capital Management betreiben, insolvent gehen können, zeigt den großen Stellenwert eines guten Working Capital Managements. Unternehmen, die viel umsetzen, sich jedoch auf Ziel bezahlen lassen, haben das Problem, dass zwar Umsatz generiert und Waren verkauft wurden, jedoch keine finanziellen Mittel zugeflossen sind. Diese finanziellen Mittel, sprich das Geld, fehlt, um Mitarbeiter zu vergüten, wichtige Investitionen zu tätigen und neue Waren einzukaufen. Dies ist die eine Seite der Medaille. Die andere ist, dass es im Management von Unternehmen oft zu völlig überzogenen Absatzerwartungen kommt. So produziert und lagert das Unternehmen zu viele Produkte, wodurch Kapital gebunden wird und wenn die Produkte dann außer Mode kommen, müssen diese komplett abgeschrieben werden. Das optimale Verhältnis zwischen kurzfristigen Krediten und dem Umlaufvermögen, stellt ein effizientes Working Capital Management dar. Ist das Umlaufvermögen zu hoch, so bedeutet dies automatisch, dass zu viel Kapital innerhalb des Unternehmens gebunden wird, wodurch die Rentabilität in Mitleidenschaft gezogen wird. Auf der anderen Seite, sprich, wenn ein Unternehmen im direkten Verhältnis mit den kurzfristigen Verbindlichkeiten über zu wenig Umlaufvermögen verfügt, so besteht das Risiko einer Unterfinanzierung, die bedeuten kann, dass das Unternehmen nicht mehr in der Lage ist, die kurzfristigen Verbindlichkeiten pünktlich und fristgerecht zu begleichen. Außerdem kann es, wenn der Lagerstand zu gering ist, zu Lieferengpässen kommen und die Waren somit nicht rechtzeitig an die Kunden geliefert werden.

Im Rahmen dieses Kapitels werden nun die wichtigsten Kennzahlen des Working Capitals (Betriebskapital!) vorgestellt. Dafür wird unter anderem auf die Struktur sowie auf die Lagerhaltung eingegangen.

3.1 Die Debitorenlaufzeit

Die Debitorenlaufzeit gibt an, wie lange es dauert, dass die Forderungen aus Lieferungen und Leistungen eines Unternehmens beglichen werden. Wenn die Debitorenlaufzeit ansteigt, so bedeutet das, dass eine zunehmende Anzahl an Forderungen vorhanden ist, die noch beglichen werden müssen. Das Forderungsmanagement des betroffenen Unternehmens ist also nachlässig und erlaubt es den Kunden und / oder den Zulieferern die Zahlungen zu lange zurückzuhalten. Hohe und natürlich auch weiter ansteigende Werte sorgen dafür, dass der operative Cash-Flow geschmälert wird, weil aufgrund der ausstehenden Forderungen weniger Geld in das Unternehmen fließt. Letzteres ist logischerweise als negativ zu bewerten.

Die Formel zur Berechnung der Debitorenlaufzeit lautet wie folgt:

Debitorenlaufzeit = (durchschnittliche Forderungen aus LuL)/Umsatzerlöse *360

3.2 Die Kreditorenlaufzeit

Die Kreditorenlaufzeit gibt an, wie lange das Unternehmen selbst benötigt, um seine Rechnungen mit den Lieferanten, sprich seine Schulden, zu begleichen.

Die Formel zur Berechnung der Kreditorenlaufzeit lautet wie folgt:

Kreditorenlaufzeit = (durchschnittliche Verbindlichkeiten aus LuL)/Materialaufwand *360

Je größer der Wert der Kreditorenlaufzeit, desto länger benötigt das betrachtete Unternehmen für die Zahlung der ausstehenden Rechnungen aus Lieferungen und Leistungen. Für das betrachtete Unternehmen hat dies den Vorteil, dass so eine Art zinsloser Kredit entsteht.

3.3 Ein Blick auf Debitoren- und Kreditorenlaufzeit

Beide Kennzahlen, sprich die Debitoren- und die Kreditorenlaufzeit, sind wichtig. Für Unternehmen ist es wichtig, dass die Debitorenlaufzeit stets kürzer ist, als die Kreditorenlaufzeit. Forderungen, die gegenüber Kunden bestehen, gilt es also schnell „einzutreiben", während die eigenen Rechnungen so spät wie nur möglich bezahlt werden. Daraus geht logischerweise hervor, dass je größer die Differenz zwischen Debitoren- und Kreditorenlaufzeit ausfällt, dem Unternehmen umso länger fremdes Geld zur Verfügung steht – und das völlig ohne Zinsen. Dadurch geht einher, dass der Bedarf an kurzfristigen Krediten zurück geht.

Wissenswert ist an dieser Stelle außerdem, dass direkte Vergleiche zwischen Debitoren- und Kreditorenlaufzeit zweier Unternehmen nur innerhalb derselben Brache Sinn ergeben. Das begründet sich dadurch, dass die Unternehmen, die in der Mitte der Wertschöpfungskette stehen und in der Regel auf Ziel liefern, schlecht mit solchen vergleichbar sind, die am Ende der Kette stehen, somit direkt an den Endkunden verkaufen und auf diese Weise direkt bezahlt werden.

Die Berechnung von Debitoren- sowie Kreditorenlaufzeit soll an einem **Beispiel** verdeutlich werden:

Die fiktive Möbel AG ist ein Unternehmen, dass seine Produkte, sprich Möbel, über das Internet vertreibt. Es handelt sich dabei um einen Händler, der sich dementsprechend nicht um die Produktion der Möbelstücke kümmert. Die Konzernabschlüsse der Jahre 2015 und 2016 sind der nachfolgenden Darstellung zu entnehmen.

	2016	2015
Umsatz	159.167	127.545
Materialaufwand	110.813	94.237
Foderungen aus LuL	5.312	4.266
Verbindlichkeiten aus LuL	17.895	18.332

*Angaben jeweils in Tausend Euro

Darstellung 30 - Debitoren- und Kreditorenlaufzeit (Beispiel Berechnung 1)

Die Debitorenlaufzeit berechnet sich wie folgt:

Debitorenlaufzeit = (0,5* 5.312 Tausend Euro+0,5*4.266 Tausend Euro)/159.167 Tausend Euro * 360 = 10,8

Der Wert 10,8 drückt aus, dass die Möbel AG 10,8 Tage darauf warten muss, dass die Forderungen aus Lieferungen und Leistungen beglichen werden.

Die Kreditorenlaufzeit der Möbel AG berechnet sich folgendermaßen:

Kreditorenlaufzeit = (0,5*17.895 Tausend Euro+0,5*18.332 Tausend Euro)/110.813 Tausend Euro * 360 = 58,8

Der Wert 58,8 drückt aus, dass die Möbel AG 10,8 Tage braucht, um die Verbindlichkeiten aus Lieferungen und Leistungen zu begleichen. Das bedeutet, dass die Möbel AG eine sehr hohe Kreditorenlaufzeit hat, was als positiv zu bewerten ist. So bleibt das Geld möglichst lange innerhalb des Unternehmens.

Differenz zwischen Debitoren- und Kreditorenlaufzeit = 58,8 Tage – 10,8 Tage = 48 Tage

Die Differenz zwischen Debitoren- und Kreditorenlaufzeit ist als überaus gut einzustufen und sagt aus, dass das Unternehmen die eigenen Forderungen schnell erhält und auf der anderen Seite die Rechnungen der Lieferanten vergleichsweise spät begleicht. Dadurch kann die Möbel AG den externen Kapitalbedarf senken, was sich wiederum positiv auf die Rentabilität des Unternehmens auswirkt.

3.4 Die Liquidität ersten Grades

Die Liquidität ersten Grades gibt das Verhältnis zwischen Zahlungsmitteln und schnell liquidierbaren Wertpapieren zu den kurzfristigen Verbindlichkeiten an.

Die Liquidität ersten Grades wird folgendermaßen berechnet:

Liquidität ersten Grades = (Liquide Mittel+Wertpapiere)/(kurzfristige Verbindlichkeiten)

Die Liquidität ersten Grades basiert darauf, dass kurzfristige Schulden durch ausreichende liquide Mittel und Wertpapiere, sprich liquidierbare Vermögensgegenstände, gedeckt sein sollten. Außerdem stellen Vorräte und Forderungen aus Lieferungen und Leistungen ebenfalls Vermögenswerte dar, die dazu genutzt werden können, um kurzfristig zu tilgen. Der Wert der Liquidität ersten Grades sollte zwischen 10 % und 20 % liegen. Liegt der Wert über den 20 %, so geht dies auf Kosten der Rentabilität, da diese durch die Kapitalbindung sinkt, aber dennoch ist dies nicht immer als zwangsläufig negativ zu bewerten. Unternehmen, die saisonal große Einkäufe tätigen müssen, sind sogar darauf angewiesen, dass große Cashbestände vorhanden sind. Liegt dieser unter 10 % so kann dies ein Hinweis auf finanzielle Instabilität sein.

3.5 Die Liquidität zweiten Grades

Die Liquidität zweiten Grades erweitert die des ersten Grades um die bestehenden Forderungen aus Lieferungen und Leistungen, die mit einem Abschlag ebenfalls relativ schnell zu Geld gemacht werden können.

Die Liquidität zweiten Grades wird folgendermaßen berechnet:

Liquidität zweiten Grades = (Liquide Mittel+Wertpapiere+Forderungen)/(kurzfristige Verbindlichkeiten)

Oder auch so:

Liquidität zweiten Grades = (Umlaufvermögen-Vorräte)/(kurzfristige Verbindlichkeiten)

Wie auch bei der Liquidität ersten Grades, bedeutet ein hoher Wert, dass viel Kapital gebunden wird, wodurch die

Rentabilität des Unternehmens in Mitleidenschaft gezogen wird. Ein niedriger Wert hingegen bedeutet, dass das Unternehmen finanziell instabil ist. Die Zielwerte zirkulieren zwischen 90 % und 100 %.

3.6 Die Liquidität dritten Grades

Die Liquidität dritten Grades wird auch Working Capital Quote genannt. Diese setzt das gesamte Umlaufvermögen, sprich liquide Mittel sowie Forderungen und Vorräte, mit den kurzfristigen Verbindlichkeiten ins Verhältnis. Gute Werte der Liquidität dritten Grades zirkulieren zwischen 120 % und 170 %. Das ist damit begründet, dass das Umlaufvermögen den Unternehmen dazu dient, das operative Geschäft zu betreiben. Normalerweise wird das Umlaufvermögen innerhalb eines Jahres verbraucht. Auch die kurzfristigen Verbindlichkeiten weisen eben diese Fälligkeit von weniger als einem Jahr auf. Die kurzfristigen Verbindlichkeiten sollten also stets durch das Umlaufvermögen gedeckt sein. Würde der Zielwert der Liquidität dritten Grades lediglich 100 % betragen, so würde dies bedeuten, dass die kurzfristigen Verbindlichkeiten zwar durch das Umlaufvermögen gedeckt sind, aber die unternehmerische Tätigkeit aufrecht zu erhalten beziehungsweise, um überhaupt wirtschaften zu können.

Die Liquidität dritten Grades berechnet sich mit folgender Formel:

Liquidität dritten Grades = Umlaufvermögen/kurzfristige Verbindlichkeiten

An dieser Stelle lohnt es sich, zu erwähnen, dass die Liquiditätskennzahlen, sprich die Liquidität ersten, zweiten und dritten Grades, eine Art Balanceakt zwischen Rentabilität und Liquidität darstellen. Bei der Liquidität dritten Grades würden Werte über 170 % bedeuten, dass schlichtweg zu viel Kapital gebunden wird und dadurch die Rentabilität des Unternehmens leidet. Werte unter 120 %, wie bereits angeführt, bedeuten hingegen, dass das Unternehmen nicht liquide ist und Gefahr läuft seine kurzfristigen Verbindlichkeiten nicht mehr bedienen zu können.

Das folgende **Beispiel** soll die Berechnung der Liquidität ersten, zweiten und dritten Grades anhand eines fiktiven, US-amerikanischen Konzernes verdeutlichen.

Cash and cash equivalents	1.045
Receivables	2.616
Inventories	1.867
Deferred Income Tax	365
Other current assets	326
Current assets	6.236

*Angaben jeweils in Millionen US-Dollar

Darstellung 31 - Liquidität ersten, zweiten und dritten Grades (Beispiel Rechnung)

Die Höhe der kurzfristigen Verbindlichkeiten des fiktiven US-amerikanischen Konzerns beträgt 5.730 Millionen Euro.

Um die Liquidität ersten Grades zu berechnen, werden die

liquiden Mittel sowie die Wertpapiere (Cash and cash equivalents) durch die kurzfristigen Verbindlichkeiten dividiert.

Liquidität ersten Grades = 1.045 Millionen USD/5.730 Millionen USD = 18,24 %

Die Liquidität zweiten Grades wird berechnet, indem die liquiden Mittel (Cash and cash equivalents) mit den Forderungen (Receivables) addiert und dann durch die kurzfristigen Verbindlichkeiten geteilt werden.

Liquidität zweiten Grades = (1.045 Millionen USD+2.616 Millionen USD)/5.730 Millionen USD = 63,89 %

Um nun die Liquidität dritten Grades zu berechnen, wird das komplette Umlaufvermögen (current assets) durch die kurzfristigen Verbindlichkeiten geteilt. Alternativ kann auch die Summe aus liquiden Mitteln, Forderungen und Vorräten gebildet und durch die kurzfristigen Verbindlichkeiten geteilt werden.

Liquidität dritten Grades = 6.236 Millionen USD/5.730 Millionen USD = 108,83 %

Die Liquidität ersten Grades befindet sich mit 18,24 % innerhalb des erwünschten Zielwerts (10 % bis 20 %) und ist dementsprechend als gut zu bewerten. Im Hinblick jedoch auf die Liquidität zweiten Grades ist festzustellen, dass diese mit 63,89 % nicht im akzeptablen Bereich zwischen 90 % und 100 % liegt. Das bedeutet, dass das Unternehmen über zu wenig Forderungen und Vorräte verfügt, sodass eine optimale Deckung der kurzfristigen Verbindlichkeiten nicht gewährleistet ist. Nichtsdestotrotz kann das Risiko einer Unterfinanzierung vorerst ignoriert werden, da der Anteil an liquiden Mitteln vergleichsweise hoch ist.

3.7 Die Vorratsintensität

Es gibt zwei Möglichkeiten beziehungsweise Formeln, um die Vorratsintensität zu berechnen.

Vorratsintensität (RHB) = (Roh-,Hilfs-u.Betriebsstoffe)/ Bilanzsumme

Vorratsintensität (HuF) = (Halb-u.Fertigfabrikate)/ Bilanzsumme

Die Kennzahlen stellen ein Maß für die Kapitalbindung innerhalb des Unternehmens dar und geben den Anteil der Betriebsstoffe (Vorratsintensität (RHB)) beziehungsweise den Anteil der Waren (Vorratsintensität (HuF)) an. Logischerweise ist die Kapitalbindung umso höher, je größer der Anteil an Vorräten ist. Darunter leidet die Rentabilität des Unternehmens. Kommt es zu einer steigenden Vorratsintensität, so ist dies ein wichtiges Indiz dafür, dass es in den Vorjahren zu Absatzproblemen eben dieser Vorräte gekommen ist. Deshalb sollte die Vorratsintensität stets im Zeitverlauf betrachtet und analysiert werden.

Die Berechnung der Vorratsintensität soll nun an folgendem Beispiel eines fiktiven Unternehmens erläutert werden:

	2016	2015
Roh-, Hilfs- u. Betriebsstoffe	7.065	7.513
Halb- u. Fertigfabrikate	18.145	17.840
Bilanzsumme	117.035	121.657

*Angaben jeweils in Tausend Euro

Darstellung 32 - Vorratsintensität (Beispiel Rechnung)

Aus den vorliegenden Daten dieser stark verkürzten Bilanz gehen die folgenden Vorratsintensitäten für die Jahre 2015 und 2016 hervor:

Vorratsintensität der Roh-, Hilfs- und Betriebsstoffe:

Vorratsintensität (RHB) 2015 = 7.513 Tausend Euro/121.657 Tausend Euro = 6,18 %

Vorratsintensität (RHB) 2016 = 7.065 Tausend Euro/117.035 Tausend Euro = 6,03 %

Vorratsintensität der Halb- und Fertigfabrikate:

Vorratsintensität (HuF) 2015 = 17.840 Tausend Euro/121.657 Tausend Euro = 14,7 %

Vorratsintensität (HuF) 2016 = 18.145 Tausend Euro/117.035 Tausend Euro = 15,5 %

Es ist direkt zu erkennen, dass es zu einer Zunahme der Vorratsintensität der Halb- und Fertigerzeugnisse gekommen ist (von 14,7 % im Jahr 2015 auf 15,5 % im Jahr 2016). Gleichzeitig hat sich die Vorratsintensität der Roh-, Hilfs- und Betriebsstoffe etwas reduziert (von 6,18 % im Jahr 2015 auf 6,03 % im Jahr 2016). Die Kennzahlen lassen darauf schließen, dass das Unternehmen für die Zukunft plant, weniger Produkte zu verkaufen, weil die Zunahme der Halb- und Fertigfabrikate auf Absatzschwierigkeiten hinweist und gleichzeitig die Anzahl der Vorräte (Roh-, Hilfs- und Betriebsstoffe), die für die Herstellung der Produkte erforderlich sind, zunimmt. Die Entwicklung und die Zukunftschancen des betroffenen Unternehmens sind also eher als negativ zu bewerten.

3.8 Die Umschlagshäufigkeit von Vorräten

Die Umschlagshäufigkeit von Vorräten gibt an, wie oft der durchschnittliche Lagerbestand eines Unternehmens innerhalb eines definierten Zeitraumes, wie beispielsweise einem Jahr, verkauft wird.

Berechnet wird die Umschlagshäufigkeit von Vorräten mit der nachfolgend aufgeführten Formel:

Umschlagshäufigkeit = Materialaufwand/(durchschnittl. Vorräte)

Wenn die Umschlagshäufigkeit von Vorräten abnimmt, so ist dies meist als negativ zu betrachten, denn dadurch erhöht sich die Kapitalbindung innerhalb des Unternehmens, wodurch die Rentabilität desselben in Mitleidenschaft gezogen wird. Die folgende Formel wird dazu genutzt, um die durchschnittliche Lagerdauer zu berechnen:

Lagerdauer in Tagen = 360/(Umschlagshäufigkeit der Vorräte)

Logischerweise ist es wichtig, dass die Dauer der Lagerung so gering wie nur möglich ausfällt, um effizient zu arbeiten. Natürlich darf die Lieferfähigkeit davon nicht beeinträchtigt werden.

Das fiktive Beispiel-Unternehmen X hat im der ersten Hälfte des Geschäftsjahres 2016 Vorräte von 18.055 Tausend Euro und in der zweiten Hälfte desselben Jahres Vorräte im Wert von 17.760 Tausend Euro. Außerdem beträgt der Materialaufwand 96.587 Tausend Euro.

Zunächst wird an dieser Stelle nun die Umschlagshäufigkeit ermittelt, um anschließend die Lagerdauer in Tagen zu berechnen.

Umschlagshäufigkeit = 96.587 Tausend Euro/(0,5*18.055 Tausend Euro+0,5*17.760 Tausend Euro) = 5,39

Lagerdauer in Tagen = 360/5,39 = 66,79 Tage

Die Lagerdauer von 66,79 Tagen ist als mittel zu bewerten.

Es ist wichtig, dass die Umschlagshäufigkeit sowie die Lagerdauern im unternehmerischen Zusammenhang betrachtet werden. So kann es passieren, dass die Lagerdauer stark ansteigt, weil das Unternehmen zunächst viel produziert hat und sich anschließend auf den Verkauf dieser Produkte konzentrieren möchte. Außerdem gibt es viele Unternehmen, die im Saison-Geschäft tätig sind, was ebenfalls bei der Lagerdauer beachtet werden sollte. Des Weiteren ist es wichtig, dass stets überprüft wird, wie lange es dauert, dass die betroffenen Produkte aus der Mode kommen und somit nicht mehr von

Seiten der Kunden nachgefragt werden.

3.9 Der Geldumschlag / Cash-Conversion-Cycle

Der Geldumschlag, der auch unter dem englischen Begriff Cash-Conversion-Cycle bekannt ist, gibt an, wie lange das Kapital in den Vorräten und Forderungen gebunden ist und zieht die ausstehenden Rechnungen ab. Berechnet wird der Geldumschlag, indem die Debitorenlaufzeit (in Tagen) mit der Lagerdauer (in Tagen) addiert wird. Davon wird dann die Kreditorenlaufzeit (in Tagen) subtrahiert und das Ergebnis daraus ist der Geldumschlag (in Tagen).

Geldumschlag (in Tagen) = Debitorenlaufzeit (in Tagen) + Lagerdauer (in Tagen) – Kreditorenlaufzeit (in Tagen)

Das Ergebnis gibt die durchschnittliche Geldbindung in Tagen an. Besonders wichtig ist, dass diese Kennzahl eine Rentabilitäts- aber gleichzeitig auch eine Liquiditätsfunktion hat. So gibt diese an, wie schnell die Mittel wieder zurück in das Unternehmen fließen (Rentabilität) und ob kurzfristige Kredite aufgenommen werden müssen, weil das Kapital über einen zu langen Zeitraum gebunden ist.

Auch hier soll die Berechnung des Geldumschlages anhand einer **Beispielrechnung** verdeutlicht werden:

	2016	2015
Vorräte	113	99,4
Forderungen aus LuL	63	58,1
Verbindlichkeiten aus LuL	46,5	51
Umsatzerlöse	1.050,9	925
Materialaufwand	391	317,3

*Angaben jeweils in Millionen Euro

Darstellung 33 - Geldumschlag (Beispiel Rechnung)

Zunächst werden die Debitoren-, die Kreditorenlaufzeit und die Lagerdauer berechnet:

Debitorenlaufzeit = (durchschnittliche Forderungen aus LuL)/Umsatzerlöse * 360

Debitorenlaufzeit = (0,5*63 Mio. Euro+0,5*58,1 Mio. Euro)/(1.050,9 Mio.Euro) * 360 = 20,74 Tage

Kreditorenlaufzeit = (durchschnittliche Verbindlichkeiten aus LuL)/Materialaufwand

Kreditorenlaufzeit = (0,5*46,5 Mio.Euro+0,5*51 Mio. Euro)/(391 Mio.Euro) * 360 = 44,88 Tage

Umschlagshäufigkeit = 391/(0,5*113 Mio.Euro+0,5*99,4 Mio.Euro) = 3,68

Lagerdauer in Tagen = 360/3,68 = 97,82 Tage

Im nächsten Schritt kann der Geldumschlag berechnet werden:

Geldumschlag = 20,74 Tage + 97,82 Tage – 44,88 Tage = 73,68 Tage

Das Kapital des Beispiel-Unternehmens ist also 73,68 Tage gebunden.

Bei der Interpretation des Geldumschlages ist es wichtig, dass diese nicht branchenübergreifend verglichen werden sollte. Direkte Vergleiche anhand der Kennzahl Geldumschlag sind also nur zwischen Unternehmen aus einer und derselben Branche sinnvoll.

3.10 Weitere Kennzahlen – Auftragseingang und Auftragsbestand

Logischerweise lässt der Auftragseingang beziehungsweise der Bestand an Aufträgen eine Einschätzung auf die kurz- und mittelfristig zu erwartenden Umsätze des Unternehmens zu. Es gibt einige Unternehmen, die den Auftragsbestand sowie -eingang im Rahmen des Geschäftsberichts angeben und dadurch den Analysten die Prognose von zukünftigen Umsätzen erleichtern.

Die aktuell vorhandenen Aufträge werden logischerweise von dem Auftragsbestand angegeben. Im Unterschied zu diesem, gibt der Auftragseingang, der alle Aufträge abbildet, die innerhalb einer fest definierten Periode an das

Unternehmen erteilt wurden. Unternehmen, die einen hohen Auftragsbestand vorweisen können, haben den großen Vorteil, dass diese in unsicheren Zeiten dennoch bis zu einem gewissen Grad planen können, weil die Aufträge bereits „unter Dach und Fach" sind. Besonders Unternehmen, die über eine hohe Anlagenintensität verfügen, gleichzeitig eine hohe Personalaufwandsquote und rückläufige Aufträge aufweisen, laufen Gefahr, in nur kurzer Zeit hohe Verluste zu erleiden. Begründet ist dies dadurch, dass die Kostenbasis kurzfristig nicht so schnell angepasst werden kann.

Die Kennzahl Auftragsreichweite in Tagen hilft dabei, die Laufzeit des Auftragsbestandes in Tagen zu ermitteln, wodurch die Gefahr drohender Verluste besser bewertet werden kann. Die Formel für die Berechnung der Auftragsreichweite lautet wie folgt:

$$\text{Auftragsreichweite} = \text{Auftragsbestand}/(\text{Umsatz der letzten 12 Monate}) * 360$$

Um ein **Beispiel** zu nennen: ist der Wert der Auftragsreichweite 180 Tage, so bedeutet das, dass das betroffene Unternehmen, auch wenn keine weiteren Aufträge erteilt werden, für 180 Tage voll ausgelastet ist und zwar mit der Bearbeitung der bereits eingegangenen Aufträge. Die zukünftigen Auslastungen und Umsätze lassen sich also umso besser einschätzen, je höher die Auftragsreichweite ist.

Ein Unternehmen hat beispielsweise einen aktuellen Auftragsbestand von 100 Millionen Euro und im Rahmen des letzten Geschäftsjahres einen Umsatz von 50 Millionen Euro erzielt. Daraus lässt sich die Auftragsreichweite folgendermaßen berechnen:

Auftragsreichweite = 100 Millionen Euro/(50 Millionen Euro)*360=720

Die Auftragsreichweite bei gegebenem Auftragsbestand und Umsatz beträgt 720 Tage, also zwei Jahre.

Auch die Qualität der einzelnen Aufträge ist von nicht zu unterschätzender Wichtigkeit. Es kann zum Beispiel dazu kommen, dass Unternehmen, die Produkte herstellen, von den bereits erteilten Aufträgen einzelner Kunden abhängen. Kommt es dann zu einer Verschiebung oder gar zu einer kompletten Stornierung des Auftrages, so hat das für das produzierende Unternehmen schwerwiegende Folgen. Wenn ein Hersteller von wenigen Kunden abhängig ist, so ist die Auftragsreichweite mit Vorsicht zu betrachten, da es zu kurzfristigen Stornierungen kommen kann. Es ist also zielführend, wenn auch die Kunden in die Analyse miteingebunden werden. Je diversifizierte die Kundenbasis ist, desto höher ist die Qualität der Auftragsreichweite einzuschätzen, wodurch die Sicherheit erhöht wird.

Nicht zu vergessen ist an dieser Stelle die BB-Ratio, die Book-to-Bill-Ratio, die eine weitere wichtige Kennzahl darstellt. Die BB-Ratio wird wie folgt berechnet:

Book-to-Bill-Ratio = Auftragseingang/Umsatzerlöse

Die Book-to-Bill-Ratio wird dazu genutzt, um den aktuellen Auftragseingang mit dem letzten erzielten Umsatz zu vergleichen. Ergebnisse beziehungsweise Werte, die größer sind als 1, zeigen, dass die Umsätze ansteigen. Das liegt daran, dass die eingehenden Aufträge den aktuellen Umsatz übersteigen. Würde zum Beispiel der Wert 2 erzielt werden, so kann dies eine Verdopplung des Umsatzes bedeuten, allerdings auch nur, wenn das Unternehmen in der Lage ist, die Kapazitäten und Mittel zur Verfügung stehen, um die Aufträge zeitnah auszuführen.

Wenn dies allerdings nicht so ist, sprich sich Werte unter 1 ergeben, so steht dies für fallende Umsätze. Kommt dann noch eine hohe Anlagenintensität hinzu, die schließlich hohe Fixkosten mit sich bringt, so lässt dies schnell die Margen einbrechen. Wichtig ist bei der BB-Ratio, dass stets die gleichen Zeiteinheiten verwendet werden. Das bedeutet, dass, wenn im Zähler der Auftragseingang des vergangenen Jahres verwendet wurde, dies auch im Nenner getan wird.

Ein Unternehmen weist im vergangenen Jahr einen Auftragseingang von 60 Millionen Euro auf und hat in demselben Jahr einen Umsatz von 45,5 Millionen Euro erzielt. Die Berechnung der BB-Ratio erfolgt so:

Book-to-Bill-Ratio = 60 Millionen Euro/45,5 Millionen Euro = 1,31

Der Wert der BB-Ratio von 1,31 deutet klar auf steigende Umsätze hin. Wichtig ist, dass an dieser Stelle erwähnt wird, dass es sich anbietet, bei Unternehmen, die viele kleinere, aber regelmäßige Aufträge haben, auf Quartalsbasis zu rechnen. Anders gestaltet sich dies bei Unternehmen, die auf Großaufträge angewiesen sind. Hier sollte auf Jahresbasis gerechnet werden, um alle Aufträge zu erfassen. Ebenfalls ist es wichtig, stets darauf zu achten, aus welchen der Geschäftsbereiche des Unternehmens der Auftragseingang stammt, denn wenn diese lediglich an ein Segment mit niedrigen Gewinnmargen geht, dann erhöht sich zwar der Umsatz, doch der Gewinn steigt nur unterproportional.

4. KAPITEL – ERTRAGS- UND RENTABILITÄTSKENNZAHLEN

JEDER, DER BETRIEBSWIRTSCHAFTSLEHRE STUDIERT hat, weiß, dass die Maximierung des Gewinns in der Regel das höchste aller Unternehmensziele darstellt. Wird die unternehmerische Tätigkeit genau betrachtet, so wird klar, dass der Gewinn unter dem Einsatz von Kapital erwirtschaftet wird, jedoch immer ein gewisser Grad an Unsicherheit herrscht. Unsicherheit im Hinblick auf die Frage, ob die produzierten Produkte auch tatsächlich verkauft werden und somit, ob die Unternehmung Bestand und Erfolg haben wird.

Ein Fleischer muss zunächst, bevor er das operative Geschäft aufnehmen kann, über eine Fleischerei samt Verkaufs- und Produktionsbereich verfügen und natürlich auch das Fleisch, das er weiterverarbeitet, einkaufen. In anderen Worten formuliert, muss der Fleischer Kapital investieren, um mit der operativen Geschäftstätigkeit überhaupt erst beginnen zu können. Der Erfolg (einer jeden Unternehmung) kann gemessen werden, indem das investierte Kapital mit dem daraus erzielten Gewinn gegenübergestellt wird. Logischerweise ist ein Unternehmen umso rentabler, je größer der Gewinn und je geringer die dafür benötigte Investition beziehungsweise das erforderliche Kapital ist. Daraus lässt sich also schließen, dass die Rentabilität eine überaus wichtige Kennzahl für die Bewertung von Unternehmen darstellt. Im Rahmen dieses Kapitels wird nun aufgezeigt, wie die Rentabilität gemessen wird und was diese genau aussagt. Durch

Fallbeispiele soll das Verständnis garantiert werden und den Leserinnen und Lesern verdeutlich werden, dass der Gewinn stets in Bezug zu anderen Kennzahlen gesetzt werden muss, um treffende Rückschlüsse zu ziehen, da dieser allein nur wenig über die Qualität des Unternehmens aussagt. Das nachfolgend aufgeführte Beispiel soll das verdeutlichen.

In der Darstellung 24 sind die Konzernergebnisse von zwei fiktiven Unternehmen, dem Unternehmen X und dem Unternehmen Y aufgeführt.

Unternehmen X		Unternehmen Y	
Jahr	Gewinn	Jahr	Gewinn
2012	200,00	2012	1.500,00
2013	250,00	2013	1.500,00
2014	300,00	2014	1.500,00
2015	350,00	2015	1.500,00
2016	400,00	2016	1.500,00

*Angaben jeweils in Euro

Darstellung 34 - Konzernergebnisse zweier fiktiver Unternehmen (Rentabilitätsrechnung)

Außerdem haben beide Unternehmen ein konstantes Eigenkapital in Höhe von 6.000 Euro. Wird ein Blick auf die Gewinne geworfen, so fällt direkt auf, dass sich beide

Unternehmen im positiven Bereich befinden. Es fällt jedoch auch auf, dass das Unternehmen X stetig die Gewinne steigert, während die Gewinne des Unternehmens Y stagnieren und seit Jahren nicht weiter ansteigen. Obwohl das Unternehmen Y höhere Gewinne generiert, ist das Unternehmen X auf gewinndynamischer Basis als attraktiver zu bewerten. Allerdings hätte Unternehmen X das Eigenkapital anlegen und so durch Zinszahlungen einen höheren Gewinn erwirtschaften können.

4.1 Die Eigenkapitalrendite

Die Verzinsung des Kapitals, welches Eigenkapitalgeber in das Unternehmen gebracht haben, wird von der Eigenkapitalrendite angegeben. Um die Eigenkapitalrendite zu bestimmen, wird der erwirtschaftete Jahresüberschuss eines Geschäftsjahres durch das durchschnittliche Eigenkapital im selben Jahr dividiert. Es sollte stets beachtet werden, dass das Eigenkapital sowie auch der Jahresüberschuss um die Anteile von Dritten zu bereinigen, um nur die Größen zu berücksichtigen, die auch tatsächlich den Aktionären zustehen.

Die Formel für die Berechnung der Eigenkapitalrendite sieht folgendermaßen aus:

Eigenkapitalrendite = Jahresüberschuss/(durchschnittl. Eigenkapital)

Die Verzinsung des eingebrachten Kapitals wird von dem Ergebnis der Formel angegeben. Die Anleger haben also die Möglichkeit, die Verzinsung zweier Anlagen miteinander vergleichen. Wird der Blick erneut auf das Beispiel der Unternehmen X und Y in Darstellung 24 geworfen, so lässt sich für das Unternehmen X im Jahr 2013 eine Eigenkapitalrendite von 4,2 % (250/6.000) berechnen. Im selben Jahr hat das Unternehmen Y eine Eigenkapitalrendite von 25 % (1.500/6.000). Daraus lässt sich erschließen, dass das Unternehmen Y, trotz der seit Jahren stagnierenden Gewinne, eine deutlich attraktivere Verzinsung des Kapitals bietet.

Grundsätzlich bedeutet eine niedrige Eigenkapitalrendite, dass das Unternehmen sein Kapital ineffizient einsetzt oder dass die Aktiva-Seite der Bilanz überbewertet ist. Letzteres beinhaltet logischerweise auch eine Überbewertung des Eigenkapitals. Für Eigenkapitalgeber ist die Eigenkapitalrendite die wichtigste Rentabilitätskennzahl. Begründet ist dies darin, dass das Unternehmen an Wert gewinnt, wenn es diesem gelingt, sein Eigenkapital bei geringem Risiko und einer hohen Rate zu steigern. Diese Steigerungsrate wird von der Eigenkapitalrendite angegeben.

Bevor nun mehrere Beispiele zur Berechnung der Eigenkapitalrendite anhand fiktiver Unternehmen aufgeführt werden, soll im Rahmen dieser Informationsbox kurz darauf eingegangen werden, dass Eigenkapitalrenditen zwischen 10 % und 15 % darauf hindeuten, dass es sich um ein gesundes und effizientes Unternehmen handelt. Nichtsdestotrotz sind stets auch andere Kennzahlen zur Betrachtung hinzuzuziehen, um ein differenzierteres Bild von dem jeweiligen, zu bewertenden Unternehmen zu erhalten.

Nun soll die Berechnung der Eigenkapitalrendite an dem **Beispiel** des fiktiven Unternehmens „Backofen AG", dass Öfen und weitere Geräte sowie Maschinen für große Backstuben produziert, veranschaulicht werden.

Der Konzernabschluss der Backofen AG sieht im Jahr 2015 folgendermaßen aus:

	2015
Konzernergebnis	49.357
Eigenkapital 2015	138.629
Eigenkapital 2014	115.274

*Angaben jeweils in Tausend Euro

Darstellung 35 - Konzernergebnisse Backofen AG (Eigenkapitalrendite)

Die Backofen AG verfügt über eine stabile und mächtige Position am Markt und hat im Geschäftsjahr 2015 die folgende Eigenkapitalrendite:

Eigenkapitalrendite Backofen AG = 49.357 Tausend Euro/ (0,5*138.629 Tausend Euro+0,5*115.274 Tausend Euro) = 0,3887 = 38,87 %

(In die Berechnung fließt das Eigenkapital des Jahres 2015 sowie das des Jahres 2014 jeweils zur Hälfte mit ein)

Die Eigenkapitalrendite von 38,87 % im Jahr 2015 ist im

Hinblick auf den Durchschnitt, den andere Unternehmen erzielen, vergleichsweise hoch. Ebenfalls bemerkenswert ist, dass die Backofen AG keine Fremdkredite aufgenommen hat, wodurch die Eigenkapitelrendite hätte gesteigert werden können. Im Rahmen der Unternehmensbewertung sind außerdem die Entwicklung des Verschuldungsgrades sowie das eingegangene Risiko zu betrachten. Die Unternehmen, die zwar eine hohe Eigenkapitalrendite erzielen, dafür jedoch hohe Risiken eingehen, zählen mit wenig Überrendite. In diesem Beispiel ist dies allerdings nicht der Fall: die starke Marktposition und der effiziente Kapital-Einsatz des Unternehmens werden durch die hohen Eigenkapitalrendite bestätigt.

Wissenswert ist an dieser Stelle, dass eine überdurchschnittlich hohe Eigenkapitalrendite nicht nur auf die operativen Leistungen von Unternehmen zurückzuführen, sondern auch Konsequenz aus finanzpolitischen Entscheidungen ist. Wird ein Blick auf die Formel zur Berechnung der Eigenkapitalrentabilität geworfen, so fällt mit etwas mathematischem Verständnis auf, dass die Eigenkapitalrendite entweder durch eine Steigerung des Gewinns oder durch eine Reduzierung der Eigenkapitalbasis des Unternehmens erhöht werden kann. Unternehmen, die in finanzieller Hinsicht ausreichend stabil sind, haben also die Möglichkeit, deren Eigenkapitalrendite durch die Reduzierung der Eigenkapitalbasis durch Aktienrückkäufe zu erhöhen. Dabei handelt es sich um eine Form der Rentabilitätssteigerung, die allerdings auch einige Risiken mit sich bringt. Kommt es beispielsweise zu einer Krise und die Eigenkapitalbasis wurde zuvor durch den Rückkauf von Aktien gesenkt, um dadurch eine höhere Eigenkapitalrendite aufweisen zu können, so fehlt gegebenenfalls der Sicherheitspuffer. Aus diesem Grund empfiehlt sich diese Praxis nur für Unternehmen, die über stabile Zahlungsströme verfügen. Klar ist jedoch nun, dass die Eigenkapitalrendite stets im Zusammenhang mit dem Grad der Verschuldung, dem Geschäftsmodell sowie der Eigenkapitalquote des Unternehmens betrachtet und analysiert werden sollte.

4.2 Die Umsatzrendite

Die Formel zur Berechnung der Umsatzrendite lautet wie folgt:

Umsatzrendite = Jahresüberschuss/Umsatzerlöse

Die Umsatzrendite zeigt auf, wie viel Cent Gewinn das Unternehmen pro einem Euro Umsatz erwirtschaftet. In der Regel verfügen Unternehmen, die gering verschuldet und gleichzeitig eine stabile Marktstellung inne haben über sehr hohe Umsatzrenditen.

Für die Berechnung der Umsatzrendite wird bei Konzernabschlüssen das Ergebnis vor dem Abzug der Minderheitsanteile genutzt. Die Marktstellung beziehungsweise -macht und das Kostenmanagement eines Unternehmens sind ausschlaggebend für die Höhe der Umsatzrendite. Durch ein starke Marktstellung kann das Unternehmen die Preise anpassen und zur selben Zeit die Kosten reduzieren. Unternehmen, die besonders hohe Umsatzrenditen aufweisen, sind meist solche, die eine Monopol- oder Oligopol-Stellung innehaben. Außerdem weisen hohe beziehungsweise ansteigende Umsatzrendite auf eine Fixkostendegression hin.

> Fixkostendegression wird der Effekt genannt, der die Fixkosten pro produziertem Stück senkt, weil diese auf eine insgesamt höhere Produktionsmenge verteilt werden.

Die Unternehmen, mit typischerweise sehr geringer Umsatzrendite, sind solche, die nicht selbst produzieren, sondern nur als Zwischenhändler fungieren, wie beispielsweise Großhändler. Typisch für diese Unternehmen sind Umsatzrenditen im einstelligen Bereich, die auf einen intensiven Wettbewerb oder auf ein schlechtes Kostenmanagement hinweisen. Um eine höhere Umsatzrendite zu erzielen, müssen also zwangsweise die Kosten gesenkt oder die Volumina erhöht werden.

Auch an dieser Stelle soll die Berechnung anhand eines **Beispiels** verdeutlicht werden: Das Unternehmen Z ist produzierendes Unternehmen und verfügt allgemein über eine starke Marktposition. Im Jahr 2015 wurde ein Jahresüberschuss von 3.264 Millionen Euro und Umsatzerlöse in Höhe von 16.569 Millionen Euro erzielt. Daraus ergibt sich:

Umsatzrendite = 3.624 Millionen Euro/16.569 Millionen Euro = 0,2187 = 21,87 %

Das Unternehmen Z hat im Jahr 2015 eine Umsatzrendite von 21,87 % erwirtschaftet.

4.3 Die EBIT/EBITDA-Marge

Das EBIT (Earnings before Interests and Taxes) gibt den Jahresüberschuss von Unternehmen vor dem Abzug von Steuern und Zinsen an, sprich den operativen Gewinn aus der unternehmerischen Tätigkeit. Der Jahresüberschuss hingegen berücksichtigt die zu zahlenden Steuern und Zinsen. Um Unternehmen, die unter verschiedenen Steuerregimen fungieren, vergleichen zu können, ist die Berechnung der EBIT-Marge also durchaus sinnvoll. Unternehmen, die in der Schweiz ansässig sind, bezahlen grundsätzlich weniger Steuern, als solche, die ihren Sitz in Deutschland haben und erzielen deshalb einen höheren Gewinn je Einheit. Darum ist es zielführen, wenn zwei Unternehmen verschiedener Regionen oder Branchen anhand der EBIT-Marge verglichen werden.

EBIT-Marge = EBIT/Umsatzerlöse

Die EBITDA-Marge bereinigt das Ergebnis zusätzlich um die Abschreibungen:

EBITDA-Marge = EBITDA/Umsatzerlöse

Um die Berechnung der EBIT- und EBITDA-Marge zu verdeutlichen, wird diese im folgenden **Beispiel** behandelt:

Das fiktive US-amerikanische Unternehmen A weist im Jahr 2015 folgende (verkürzte) Gewinn- und Verlustrechnung (engl.: Income Statement) auf:

	2015
Revenues	5.261
.	.
.	.
.	.
Depreciation and amortization	-534
.	.
.	.
.	.
Operating Income	1.867

*Angaben jeweils in Millionen Euro

Darstellung 36 - Gewinn- und Verlustrechnung Unternehmen A (Beispiel Berechnung Umsatzrendite)

Für die Berechnung der EBIT-Marge wird das operative Ergebnis (EBIT) von 1.867 Millionen durch die Umsatzerlöse in Höhe von 5.261 Millionen Euro dividiert:

EBIT-Marge = 1.867 Millionen Euro/5.261 Millionen Euro = 0,355 = 35,5 %

Um auch die EBITDA-Marge zu ermitteln, müssen lediglich die Abschreibungen (engl.: Depreciation) zu dem EBIT hinzuaddiert werden:

EBIT + Abschreibungen = 1.867 Millionen Euro + 534 Millionen Euro = 2.201 Millionen Euro

EBITDA-Marge = 2.201 Millionen Euro/5.261 Millionen Euro = 0,418 = 41,8 %

EBIT- sowie EBITDA-Marge sind beide als sehr gut zu bewerten und lassen den Schluss zu, dass das Unternehmen A eine starke Marktposition besitzt und außerdem ein effizientes Kostenmanagement betreibt.

4.4 Die Gesamtkapitalrendite

Der Reingewinn sowie die gezahlten Zinsen werden bei der Ermittlung der Gesamtkapitalrendite ins Verhältnis mit dem Kapital gesetzt, das Eigen- und Fremdkapitalgeber in das Unternehmen eingebracht haben. Die Formel sieht so aus:

Gesamtkapitalrendite = (Jahresüberschuss+Fremdkapitalzinsen)/(durchschnittliche Bilanzsumme)

Ein großer Vorteil, den die Gesamtkapitalrendite im direkten Vergleich mit der Eigenkapitalrendite besitzt, ist, dass diese nicht durch finanzpolitische Entscheidungen der Unternehmensführung verzerrt und verfälscht werden kann. Somit gibt die Gesamtkapitalrendite die Rendite von allen Kapitalgebern an, indem die Fremdkapitalzinsen als Ertrag, den die Fremdkapitalgeber erzielen, mit in die Rechnung einfließen.

Das folgende Beispiel vergleicht die Gesamtkapitalrendite von drei fiktiven Unternehmen aus verschiedenen Branchen: Das Unternehmen Konsum AG ist ein global agierender Konsumgüterhersteller, das Unternehmen Autos AG produziert

Automobile und das Unternehmen Online-Händler AG verkauft verschiedene elektronische Artikel über das Internet.

Unternehmen	Konsum AG	Autos AG	Online-Händler AG
Jahresüberschuss	10.529.000	3.550.000	27.500
Fremdkapitalzinsen	850.000	1.300.000	27
Gesamtkapital	105.921.000	54.000.000	138.550
Gesamtkapitalrendite	10,7 %	9,0 %	19,9 %

*Angaben jeweils in Tausend Euro

Darstellung 37 - Gesamtkapitalrendite (Beispiel Berechnung)

Wie bereits weiter oben im Rahmen dieses Beispiels erwähnt wurde, hat die Konsum AG eine mächtige Marktstellung inne und so die Möglichkeit, mit einem vergleichsweise geringen Einsatz an Kapital hohe Renditen zu erwirtschaften. Grundsätzlich ist die Automobil-Branche sehr kapitalintensiv. Das zeigt sich direkt an der Gesamtkapitalrendite, die geringer ist, als bei der Konsum AG. Die hohe Gesamtkapitalrendite der Online-Händler AG ist deshalb rührt daher, dass für das funktionierende Geschäftsmodell nur sehr wenig Anlagevermögen benötigt wird. Dieses schlanke Geschäftsmodell erlaubt es der Online-Händler AG hohe Rendite auf das Gesamtkapital zu erwirtschaften, obwohl es sich um einen Händler handelt, der lediglich Produkte ein- und dann wiederverkauft. Durch die Beschränkung auf den Verkauf der Produkte ausschließlich über das Internet sind beispielsweise Filialen und eine eigene Vertriebsstruktur überflüssig.

4.5 Der Kapitalumschlag

Der Kapitalumschlag gibt an, wie oft das gesamte Kapital eines Unternehmens über den Umsatz umgeschlagen werden kann. Um ein Beispiel zu nennen, bedeutet ein Kapitalumschlag von 2, dass das Unternehmen für jeden im Kapital eingesetzten Euro einen Umsatz von 2 Euro erwirtschaftet. Der Kapitalumschlag zeigt also an, wie produktiv ein Unternehmen Kapital einsetzt. Liegt ein hoher Kapitalumschlag vor, so bedeutet dies, dass das Kapital wieder schnell in das Unternehmen zurückfließt. Daraus folgt, dass also insgesamt weniger Kapital erforderlich ist, um das Geschäftsvolumen durchzuführen.

Die Formel zur Berechnung des Kapitalumschlags lautet:

Kapitalumschlag = Umsatz/(durchschnittliche Bilanzsumme)

Wissenswert ist an dieser Stelle, dass es nur Sinn ergibt, Unternehmen aus derselben Branche anhand des Kapitalumschlags zu vergleichen, weil das Geschäftsmodell und der Kapitalbedarf eng miteinander verknüpft sind. Wenig Sinn würde es ergeben, beispielsweise eine Bank mit einem Automobilhersteller zu vergleichen und dafür den Kapitalumschlag zu verwenden. Wie der Kapitalumschlag berechnet wird, zeigt das nachfolgend aufgeführte **Beispiel**:

Das fiktive Maschinenbau-Unternehmen Maschinenbau AG hat im Jahr 2015 einen Umsatz von insgesamt 85.357 Millionen Euro. Die Bilanzsumme desselben Jahres beläuft sich auf 55.531 Millionen Euro, die des Vorjahres (2014) auf 51.294 Millionen Euro. Der Kapitalumschlag wird wie folgt berechnet:

Kapitalumschlag = 85.357 Millionen Euro/(0,5*55.531 Millionen Euro+0,5*51.294 Millionen Euro) = 1,59

Ein Kapitalumschlag von 1,59 bedeutet, dass die Maschinenbau AG im Jahr 2015 pro 1 Euro Kapital einen Umsatz von 1,59 Euro erzielt hat.

Um den Kapitalumschlag zu erhöhen, ist es erforderlich, dass das Unternehmen weniger Kapital benötigt und somit rentabler wirtschaftet. Wissenswert ist an dieser Stelle, dass der Kapitalumschlag eines Unternehmens direkt mit dem Return on Investment verbunden ist, was die folgende Formel aufzeigt:

Return on Investment = (Umsatz/Bilanzsumme) * (Betriebsgewinn/Umsatz) = Betriebsgewinn/Bilanzsumme

Die Formel verrät außerdem, dass eine Steigerung des Return on Investment durch einen hohen Kapitalumschlag (siehe ersten Bruch) und des Weiteren durch eine hohe Betriebsergebnismarge (siehe zweiten Bruch) erreicht werden kann. Der Kapitalumschlag ist vom Geschäftsmodell sowie der Investitionspolitik des Unternehmens abhängig, während die Betriebsergebnismarge durch die Stellung am Markt und die Effizienz des Kostenmanagements beeinflusst wird. Der Kapitalumschlag kann durch die Senkung der Vorräte oder durch den Verkauf von nicht genutzten Gütern des Anlagevermögens (z.B. Maschinen) verbessert beziehungswiese erhöht werden.

4.6 Die Rendite auf das eingesetzte Kapital

Die Rendite auf das eingesetzte Kapital (engl.: return on capital employed) zeigt auf, wie rentabel das im Unternehmen gebundene Kapital eingesetzt wird. Die Formel lautet wie folgt:

Rendite auf das eingesetzte Kapital = EBIT/(durchschnittliches eingesetztes Kapital)

Für die Berechnung des eingesetzten Kapitals (engl.: capital employed) wird das Anlagevermögen mit dem Betriebskapital (engl.: working capital) addiert und die Zahlungsmittel (Nettoumlaufvermögen) (engl.: netto working capital) von der Summe daraus subtrahiert. Das durchschnittliche eingesetzte Kapital ist jenes, dass für das operative Geschäft betriebsnotwendig und somit im Unternehmen gebunden ist. Weil es sich um zinslose Kredite handelt, werden die Verbindlichkeiten, die gegenüber Lieferanten bestehen, abgezogen. Wie bereits erwähnt, werden auch die Zahlungsmittel subtrahiert beziehungsweise abgezogen, weil diese in der Regel nicht für das operative Geschäft erforderlich sind. Das durchschnittlich eingesetzte Kapital kann auch durch die Addition von Eigenkapital und Finanzverbindlichkeiten berechnet werden und gibt in der Summe den Betrag, der netto investiert werden müsse, um das Unternehmen abzubilden.

Um die Berechnung der Rendite auf das eingesetzte Kapital zu verdeutlichen, folgt ein **Beispiel**:

Der Bauernhof A baut Kartoffeln und der Bauernhof B Karotten an. Beide Bauernhöfe haben einen operativen Gewinn von 500.000 Euro. Damit der Bauernhof A Kartoffeln anbauen kann, benötigt dieser Anbaufläche und Traktoren, die 2.500.000 Euro wert sind. Der Bauernhof B braucht ebenfalls Anbaufläche und Traktoren, jedoch im Wert von

5.000.000 Euro. Beide Bauernhöfe verfügen über 250.000 Euro Umlaufvermögen, von dem 50.000 Euro Zahlungsmittel sind. Außerdem haben die beiden Bauernhöfe jeweils 100.000 Euro an Lieferanten-Verbindlichkeiten.

Bauernhof A:

Eingesetztes Kapital = 2.500.000 Euro + 250.000 Euro – 100.000 Euro – 100.000 Euro = 2.550.000 Euro

Rendite auf das eingesetzte Kapital = 500.000 Euro/2.550.000 Euro = 19,61 %

Bauernhof B:

Eingesetztes Kapital = 5.000.000 Euro + 250.000 Euro – 100.000 Euro – 100.000 Euro = 5.050.000 Euro

Rendite auf das eingesetzte Kapital = 500.000 Euro/5.050.000 Euro = 9,90 %

Aus dieser Beispielrechnung ist klar ersichtlich, dass der Bauernhof A bei gleichem Gewinn weniger Kapital einsetzt, als der Bauernhof B. Trotzdem ist die Rendite auf das eingesetzte Kapital von Bauernhof A fast doppelt so hoch, wie die vom Bauernhof B. Daraus lässt sich schließen, dass der Bauernhof A das Kapital deutlich effektiver nutzt. Eine hohe Rendite auf das eingesetzte Kapital ist meist auf eine geringe Kapitalbindung innerhalb des Unternehmens zurückzuführen. Logischerweise bedeutet eine hohe Rendite auf das eingesetzte Kapital, dass das jeweilige Unternehmen attraktiv ist, weil hohe Gewinne mit relativ wenig Kapitaleinsatz generiert werden können.

Die zweite Möglichkeit der Berechnung der Rendite auf

das eingesetzte Kapital wird anhand des folgenden **Beispiels** aufgezeigt:

Das fiktive Unternehmen X hat zum Bilanzstichtag des Jahres 2015 die folgende verkürzte Passive-Seite der Bilanz:

	2015
Eigenkapital	-800
Langfrist. Finanzverbindlichkeiten	1.723
Kurzfrist. Finanzverbindlichkeiten	11
Sonstige Verbindlichkeiten	418
Bilanzsumme	1.352

*Angaben jeweils in Millionen Euro

Darstellung 38 – Die Rendite auf das eingesetzte Kapital (Beispiel Berechnung)

Die Eigenkapitalrendite kann hier nicht berechnet werden, weil das Unternehmen X ein negatives Eigenkapital ausweist. Wenn das Unternehmen X trotzdem auf Rentabilität analysiert und untersucht werden soll, kann die Rendite auf das eingesetzte Kapital genutzt werden. Wie bereits weiter oben angemerkt, kann das durchschnittlich eingesetzte Kapital auch durch die Addition von Eigenkapital und Finanzverbindlichkeiten berechnet werden.

Durchschnittlich eingesetzte Kapital = Eigenkapital + Finanzverbindlichkeiten

Durchschnittlich eingesetzte Kapital = - 800 Millionen Euro + 1.723 Millionen Euro + 11 Millionen Euro = 934 Millionen Euro

Um nun die Rendite auf das eingesetzte Kapital zu berechnen, wird ein Blick in die Gewinn- und Verlustrechnung geworfen und der operative Gewinn durch das eingesetzte Kapital dividiert. Es sei hier angenommen, dass der operative Gewinn des Unternehmen X 86 Millionen Euro beträgt.

Rendite auf das eingesetzte Kapital = 86 Millionen Euro/934 Millionen Euro = 9,21%

4.7 Die Umsatzverdienstrate

Um festzustellen, wie viel Cent Cash-Flow pro einem Euro Umsatz generiert werden, wird die Umsatzverdienstrate, kurz UVR, berechnet. Grundsätzlich gilt, dass, je höher die Umsatzverdienstrate, desto besser. Es gibt Ähnlichkeiten zur Umsatzrendite, allerdings berücksichtigt die Umsatzverdienstrate auch die zahlungsunwirksamen Positionen aus der Gewinn- und Verlustrechnung sowie Investitionen in das Betriebskapital. Das hat zur Folge, dass die Umsatzverdienstrate eine genauere Kennzahl, als die Umsatzrendite ist. Allerdings ist die Interpretation der Umsatzverdienstrate schwieriger, da es viele Einflussfaktoren gibt.

Die Formel zur Berechnung der Umsatzverdienstrate lautet:

Umsatzverdienstrate = operativer Cash-Flow/Umsatzerlöse

Es sei angenommen, dass das fiktive Unternehmen Y im Jahr 2015 einen operativen Cash-Flow von 523.000 Euro generiert hat. Der Umsatz lag 2015 bei 3.255.000 Euro.

Umsatzverdienstrate = 523.000 Euro/3.255.000 Euro
= 16,1 %

Im Jahr 2014 betrug die Umsatzverdienstrate 13,8 %. Das Unternehmen Y hat es also geschafft, die Umsatzverdienstrate zwischen 2014 und 2015 um 2,3 % zu steigern. Das bedeutet schlichtweg, dass dem Unternehmen Y pro einem Euro Umsatz im Jahr 2015 2,3 Cent mehr zugeflossen sind, als noch im Jahr zuvor.

Natürlich muss im Rahmen der Analyse des Unternehmens geschaut werden, durch was diese Steigerung verursacht wurde. Die höhere Umsatzverdienstrate des Jahres 2015 kann durch die Freisetzung von gebundenem Kapital im Umlaufvermögen erklärt werden. Durch den Verkauf von Lagerbeständen oder der schnelleren Einforderung von Forderungen wurde Kapital freigesetzt. Um allerdings in Zukunft weiter wachsen zu können, muss das Unternehmen erneut Betriebskapital aufbauen, was sich stets negativ auf Cash-Flow und Umsatzverdienstrate auswirkt.

5.
KAPITEL – DIE GESCHÄFTSMODELL-ANALYSE UND DIE AUSSCHÜTTUNGSPOLITIK

ANDERS, ALS DIE BEREITS vorgestellten Kennzahlen, die allesamt quantitativer Natur sind, ist das Geschäftsmodell qualitativ zu bewerten. In der Regel sind gute Kennzahlen eng mit einem hervorragenden Geschäftsmodell verknüpft. Außerdem sind Kennzahlen stets auf die Vergangenheit bezogen und zeigen somit den vergangenen Erfolg oder auch Misserfolg der Unternehmung. Das Geschäftsmodell lässt hingegen Prognosen und Rückschlüsse auf die zukünftige Wettbewerbsfähigkeit dies Unternehmens zu. Damit ein Unternehmen wettbewerbsfähig ist und bleibt, ist es wichtig, dass dieses über Alleinstellungsmerkmale verfügt, die dieses von der Konkurrenz abgrenzt. Diese Alleinstellungsmerkmale sowie allgemeine Wettbewerbsvorteile, werden nun im Rahmen dieses fünften Kapitels behandelt.

Die wahre Kunst der Unternehmensbewertung liegt nicht in der Analyse und Auswertung von Kennzahlen, sondern viel mehr in der Analyse des Geschäftsmodells. Zu beachten sind die Grundsätze von Warren Buffett, der nur dann investiert, wenn die Geschäfte des Unternehmens verständlich und nachvollziehbar sind, wenn die langfristen Aussichten desselben gut sind und sich die Unternehmensleitung aus kompetenten Managern zusammensetzt. Anders, als bei den

Kennzahlen, gestaltet sich die Quantifizierung und Bewertung des Geschäftsmodells deutlich schwieriger – auch, weil die Informationsbeschaffung nicht immer einfach ist. Die wichtigsten Erfolgsfaktoren für Unternehmen sind ein langfristig nachhaltiges Geschäftsmodell mit einem soliden Alleinstellungsmerkmal sowie stabilen Cash-Flows bei einer gleichzeitig angemessenen Verschuldung. Auch die Rentabilität nimmt dabei eine wichtige Rolle ein, denn je höher diese ausfällt, desto stärker wirkt der Zinseszinseffekt im Unternehmen. Logischerweise kann erst nachhaltiger Wert geschaffen werden, wenn das jeweilige Geschäftsmodell profitabel und rentabel ist. Die Marktposition sowie auch das Kostenmanagement des Unternehmens bestimmen die Rentabilität desselben. Ein Monopol ist die extreme Form einer ausgeprägten Marktposition, die jedoch in der Praxis so gut wie nicht zu finden ist, da staatliche Regulierungen die Bildung von Monopolen aus Wettbewerbsgründen strikt verbieten.

Aus diesem Grund sollte nach abgeschwächten Ausprägungen beziehungsweise Formen von Monopolen gesucht werden. Diese stellen die Alleinstellungsmerkmale dar, die oft auch als Burggraben bezeichnet werden, die diese das Unternehmen vor den „Angriffen" der Konkurrenz schützt und nur schwer zu überwinden ist. Ein Burggraben beziehungsweise Alleinstellungsmerkmal kann also sein, dass ein Unternehmen der günstige, einzige oder qualitativ beste Anbieter eines Produktes oder einer Dienstleistung auf dem Markt ist. Ein Beispiel für ein Unternehmen, dass sich über viele Jahre sehr erfolgreich ein Alleinstellungsmerkmal aufgebaut hat, ist The Coca-Cola Company. Die Getränke von Coca-Cola sind in allen Teilen der Welt erhältlich und der Großteil aller Restaurants und Supermärkte führt diese in ihrem Sortiment, um keine Ertragseinbußen zu riskieren. Mittlerweile ist Coca-Cola nicht mehr nur ein einfaches Erfrischungsgetränk mit Kohlensäure, sondern ein Life Style Produkt, das nicht aus der Mode gerät. Auf der ganzen Welt gilt das Getränk als lecker und erfrischend, wodurch The Coca-Cola Company den großen Vorteil hat, dass Preissteigerungen direkt an den Endverbraucher weitergegeben werden können. Dadurch ist es möglich, auf nachhaltige Weise hohe, attraktive Rendite zu erzielen und der Konkurrenz voraus zu sein – und zwar auch in schwierigen Marktphasen.

Die Annahme, dass eine gute, herausragende Marktposition stets auch auf gute Kennzahlen schließen lässt, ist allerdings nicht ganz zutreffend. Das gilt vor allem für Staatskonzerne, denen ein staatliches Monopol eingeräumt wurde, aber dennoch weniger rentabel wirtschaften, als Unternehmen, die sich auf Märkten bewegen, auf denen viel Konkurrenz herrscht. Dies begründet sich damit, dass hohe Kosten anfallen und gleichzeitig schlichtweg zu wenig Anreize für eine profitable Unternehmensführung vorhanden sind. Aus eben diesem Grund ist ein qualifiziertes und gleichwohl auch ehrliches Management genauso wichtig, wie ein solides, nachhaltiges Geschäftsmodell. Daraus geht erneut hervor, dass das Unternehmen stets als Ganzes betrachtet werden sollte.

5.1 Die Kenntnis über die Kompetenzen von Unternehmen

Eine wichtige Voraussetzung, die für die Analyse von Unternehmen wichtig ist, ist eine detaillierte Kenntnis über die Kompetenzen des Unternehmens. Anders formuliert ist es enorm wichtig, dass das Geschäftsmodell und die Produkte des Unternehmens, das bewertet werden soll, einfach zu verstehen und nachzuvollziehen sind. Ein Anhaltspunkt kann sein, sich selbst die Frage zu stellen, wo das Unternehmen wohl in zehn Jahren stehen wird. Kann eine grobe Aussage beziehungsweise Einschätzung getroffen werden, so ist dies als positives Zeichnen zu werten, allerdings sorgen die Dynamiken von sich schnell wandelnden Märkte dafür, dass logischerweise stets ein gewisser Grad an Unsicherheit vorhanden ist. Das gilt es zu akzeptieren, denn die Bewertung von Unternehmen ist keine exakte Wissenschaft. Natürlich gestaltet sich die zukünftige Bewertung vor allem für außenstehende Personen sehr schwer und ist kaum möglich. Es sollte also nur in solche Unternehmen investiert werden, deren Geschäftsmodell genau verstanden wird, wodurch eine Prognose deutlich leichter und ebenso zuverlässiger getroffen werden kann.

5.2 Die Arten von Unternehmen nach der Art des Geschäftsmodells

Es gibt sechs Arten von Unternehmen beziehungsweise von deren Geschäftsmodellen, die ein Alleinstellungsmerkmal darstellen können. Es ist wichtig, das Unternehmen einem dieser Arten zuordnen zu können.

Unternehmen, die kurzlebige Produkte verkaufen und einen hohen Bekanntheitsgrad und Markennamen haben. Beispiele sind The Coca-Cola Company und der Rasierklingen-Hersteller Gillette	Unternehmen, die Produkte herstellen, die immer gekauft werden müssen, wie beispielsweise die Versorger oder Pharmaunternehmen, (Beispiel: Bayer)

Unternehmen, die starke Marken sowie ein gutes Image geschaffen haben oder auch durch Technik und Qualität überzeugen und ihre Produkte deshalb mit deutlichen Preisaufschlägen verkaufen können. Beispiele dafür sind Mercedes-Benz und der Computer-Hersteller DELL	Unternehmen, die Produkte anbieten, die bedingt durch externe Einflüsse und Regulierungen nachgefragt werden. Ein gutes Beispiel dafür ist der österreichische Feuerwehrgerätehersteller Rosenbauer
Unternehmen, deren Grenzkosten gegen null streben und somit eine hohe Skalierbarkeit aufweisen, wie zum Beispiel der Software-Hersteller SAP	Unternehmen, die im Billigpreis-Segment aktiv sind und das jeweils günstigste Produkt in einem Markt anbieten. Beispiele dafür sind die Discounterketten ALDI und LIDL

Diese sechs Arten sollen nun genauer und im Detail betrachtet werden.

5.2.1 Unternehmen mit kurzlebigen Produkten mit hohem Bekanntheitsgrad und starkem Markennamen

Die Produkte der Unternehmen, die zu dieser Art gehören, haben typischerweise kurze Lebenszyklen. Für das oben aufgeführte Beispiel von Gillette, gilt, dass die Kunden, die sich einen Rasierer der Marke kaufen, auch neue passende Klingen für diesen erwerben müssen. So sichert sich das Unternehmen stets wiederkehrende Verkäufe und bindet die Kunden. Zu erwähnen sind hier auch die Maschinenbauer, die zwar eigentlich langlebige Produkte herstellen, oftmals jedoch Wartungs- und Serviceverträge mit den Kunden abschließen. Durch den Verschleiß der Maschinen wird diesen eine kurzlebige Komponente zugeschrieben.

Normalerweise handelt es sich bei Unternehmen, die kurzlebige Produkte herstellen, um attraktive Investitionsmöglichkeiten. Vor allem der Konsumgüter-Bereich und solche Unternehmen, die starke Markennamen etabliert haben, profitieren von der Herstellung und dem Verkauf von kurzlebigen Produkten. Anders ist es allerdings bei langlebigen Produkten, wie Waschmaschinen oder Autos, von denen die Konsumenten in der Regel nur eine einzelne Einheit kaufen. Da die Wiederverkaufszyklen längst nicht so regelmäßig auftreten, wie beispielsweise bei Rasierklingen, sehen die Konsumenten vor allem in Zeiten einer schwachen Konjunktur davon ab, diese Produkte zu kaufen. Ein weiteres Beispiel für ein Unternehmen, dass sehr erfolgreich kurzlebige Produkte verkauft, ist Nestle. Die Nespresso Sparte des Unternehmens bietet Kaffeemaschinen an, die nur mit den entsprechenden Kapseln des Unternehmens befüllt werden können. So ist garantiert, dass die Anzahl der verkauften Kapseln pro verkaufter Kaffeemaschine ansteigt und somit Kunden gebunden werden.

5.2.2 Unternehmen, die Produkte herstellen, die immer gekauft werden müssen

Im ersten Moment könnte im Hinblick auf diese Art an Lebensmittelhersteller gedacht werden, schließlich muss auch in Phasen des Abschwungs gegessen werden. Doch es ist nicht garantiert, dass die Konsumenten auch in schwierigen Phasen die Markenprodukte kaufen, sondern stattdessen zu den Produkten von günstigeren Anbietern greifen. Aus diesem Grund sollte ein genauerer Blick auf die Hersteller von Produkten geworfen werden, die tatsächlich immer benötigt werden, egal, ob es sich gerade um eine Phase des Auf- oder Abschwungs handelt. Verpackungshersteller produzieren in der Regel nicht nur Verpackungen für Markenprodukte, sondern auch für die konkurrierenden No-Name-Produkte, sodass es garantiert ist, dass das Verpackungs-Unternehmen auch in Phasen des wirtschaftlichen Abschwungs an jeder Verpackung, sei es für ein Markenprodukt oder für ein No-Name-Produkt, mitverdient.

Bei Verpackungsherstellern handelt es sich also um Hersteller von Produkten, die in jeder wirtschaftlichen Phase gekauft werden müssen. Besonders – und deshalb an dieser Stelle erwähnenswert – ist die Glasindustrie, die das Phänomen der regionalen Monopole aufzeigt. Durch die Beschaffenheit von Glas kann dieses nur über vergleichsweise kurzen Strecken transportiert werden. Dadurch wiederum gibt es keine Konkurrenz aus dem Ausland, die die heimischen Produzenten unter (Preis-) Druck setzen könnten, was für einen stabilen Absatzmarkt und wenig Konkurrenz spricht.

5.2.3 Unternehmen, die starke Marken sowie ein gutes Image geschaffen haben oder auch durch Technik und Qualität überzeugen und ihre Produkte deshalb mit deutlichen Preisaufschlägen verkaufen können

Die in dieser Art vertretenen Unternehmen gehören (in der Regel) dem Premium-Sektor an. Beispiele sind das bekannte Schweizer Schmuckunternehmen Richemont oder die Swatch Group, die aufgrund der Qualität ihrer Produkte und durch das gute Image höhere Preise für die Produkte durchsetzen kann, als die Konkurrenz. Doch auch große Fastfoodketten nutzen den Bekanntheitsgrad ihrer Marken aus, um höhere Preise für die Produkte zu erzielen. Ein Hamburger von McDonalds oder ein Sandwich von Subway schmeckt in München genauso wie in Berlin oder New York City. Die Konsumenten wissen also, was sie bekommen und ziehen den lokalen Restaurants oft bekannte Fastfoodketten vor.

5.2.4 Unternehmen, die Produkte anbieten, die bedingt durch externe Einflüsse und Regulierungen nachgefragt werden

Der Löschfahrzeughersteller Rosenbauer aus Österreich hat sich in Europa eine starke Wettbewerbsposition aufgebaut. Die Regulierungen von Kommunen, Städten und Flughäfen (um einige Beispiele zu nennen) verlangen die Anschaffung von modernen Löschfahrzeugen. Rosenbauer hat eine hervorragende Marktstellung und ist Teil eines Oligopols, das sich aus wenigen Anbietern auf der Welt zusammensetzt. Kleinere, konkurrierende Anbieter haben, bedingt durch verschiedene Auflagen, Schwierigkeiten, international zu expandieren oder große öffentliche Aufträge anzunehmen.

5.2.5 Unternehmen, deren Grenzkosten gegen null streben und somit eine hohe Skalierbarkeit aufweisen

Vor allem Unternehmen, die Software entwickeln, haben eine hohe Skalierbarkeit ihrer Produkte. Diese werden entwickelt und anschließend ohne viele weitere Kosten vervielfältig und verkauft. Beispiele dafür sind SAP und Microsoft. Außerdem sind Pharmaunternehmen zu dieser Art von Unternehmen zu zählen. Anfänglich muss zwar stets viel Geld in Forschung und Entwicklung investiert werden, doch die Stückkosten je Tablette oder Pille sind sehr gering, sodass die Gewinne hoch ausfallen. Das Problem ist allerdings, dass der Erfolg von Unternehmen aus diesen Branchen von wenigen Produkten und Innovationen abhängig ist und nur schwer von Außenstehenden analysiert werden kann.

5.2.6 Unternehmen, die im Billigpreis-Segment aktiv sind und das jeweils günstigste Produkt in einem Markt anbieten

Ein weiteres Alleinstellungsmerkmal, neben Image, Produktqualität, externen Einflüssen und hoher Skalierbarkeit, ist die Fähigkeit das jeweils günstigste Produkt in einem Markt anbieten zu können. Es wird auch von Kostenführerschaft gesprochen. Ein hervorragendes Beispiel ist der Discounter Aldi, natürlich eignet sich LIDL genauso für das Beispiel. Da ein reiner Preiswettbewerb stets mit sinkenden Margen einhergeht, ist es wichtig, dass die Preise nicht nur gering sind, sondern, dass auch die Qualität zumindest akzeptabel ist. Aldi hat außerdem den großen Vorteil, dass sich Kostenvorteile im Einkauf ergeben, weil viele Lieferanten auf den Discounter als Kunden angewiesen sind. Dasselbe gilt, wie bereits erwähnt, auch für die LIDL und ähnliche Discounter.

5.3 Weitblick herstellen - Die Beschaffung von unternehmensrelevanten Informationen

Bei der Beschaffung von Informationen geht es darum, sich einen möglichst weiten Überblick über das Markt- und Wettbewerbsumfeld zu verschaffen. Dafür sollte zunächst der Branchenverband kontaktiert und um die Herausgabe der entsprechenden Informationen gebeten werden. In den Datenbanken der Bundesbank finden sich interessante makroökonomische Daten. Wichtig ist, dass die Selbstdarstellung von Unternehmen, beispielsweise in Präsentationen über die eigene Marktstellung, stets kritisch gesehen und überprüft werden sollte, da Unternehmen dazu neigen, sich besser darzustellen, als es eigentlich um diese bestellt sind. Des Weiteren empfiehlt sich der Besuch der Investor Relations Website des jeweiligen Unternehmens, wo unter anderem die Geschäftsberichte (auch von der Konkurrenz) eingesehen werden können. Im direkten Vergleich von zwei Unternehmen ist es wichtig, dass genau geschaut und analysiert wird, wieso das eine Unternehmen höhere Mitarbeiterproduktivität und das andere eine geringere Materialaufwandsquote vorweist.

Nach der Auswertung der eingeholten Informationen sollten die folgenden Fragen beantwortet werden:

1. Existieren externe Einflüsse, die dem Erfolg der Unternehmung ernsthaften Schaden zufügen können?

2. Unterliegt die jeweilige Branche einer hohen Dynamik oder lässt sich diese gut einschätzen?

3. Wie ist die Marktstellung des Unternehmens?

4. Wie stark ist das Marktwachstums des jeweiligen Marktes und befindet sich dieser gerade in der Einführungs-,

Wachstums-, Sättigungs- oder Degenerationsphase?

Bei der Beschaffung von Informationen ist es stets wichtig, dass eine direkte Form der Kommunikation mit dem Unternehmen hergestellt wird. Das bedeutet also, dass der Kontakt mindestens telefonisch sein sollte. Auf Anfragen per E-Mail sollte verzichtet werden, da so nur das Nötigste mitgeteilt wird. Aktionäre können jedoch auch das Unternehmen direkt besuchen, um sich einen noch besseren Eindruck zu verschaffen und die Informationen aus erster Hand zu erhalten.

5.4 Die Rahmenbedingungen – Markt und Branchenumfeld analysieren

Im Rahmen der Bewertung von Unternehmen ist es sehr wichtig, zu analysieren, in welchem Umfeld das Unternehmen aktiv ist. Es gilt also, genau die Rahmenbedingungen zu betrachten.

Im ersten Schritt ist es zielführend, einen Blick auf das Markt- und Branchenumfeld zu werden. Denn es hilft nichts, wenn das Unternehmen zwar überaus profitabel wirtschaftet, die Rahmenbedingungen allerdings alles andere als vielversprechend aussehen. Es sollte überprüft werden, ob es mögliche politische Risiken gibt. Ein Unternehmen in Venezuela zu eröffnen, birgt beispielsweise deutlich höhere Risiken, als eine Gründung in Chile. Deshalb ist eine Analyse der politischen Lage und Stimmung vor allem vor anstehenden Wahlen, besonders wichtig. Außerdem gilt es die gesetzlichen Bestimmungen zu betrachten. Unternehmen aus der Immobilienbranche sind besonders auf gesetzliche Bestimmungen angewiesen. Des Weiteren sollte unbedingt überprüft werden, ob es sich bei dem zu bewertenden Unternehmen um ein solches handelt, dass von Subventionen profitiert und ob dies auch in der Zukunft so sein wird. Denn wenn die Subvention irgendwann wegfällt, dann kann es passieren, dass die gesamte Geschäftsgrundlage auf einmal wegbricht.

Gute Rahmenbedingungen sind stets solche, die dafür sorgen, dass sich Branchen und Märkte nur langsam verändern und somit gut einzuschätzen sind. Wichtig ist es, die Entwicklungen von Unternehmen und der zugehörigen Branche stets für den schlimmstmöglichen Fall betrachtet werden. Also zum Beispiel, was passieren würde, wenn staatliche Subventionen wegfallen würden und ob das jeweilige Unternehmen auch dann noch in der Lage wäre, erfolgreich zu wirtschaften.

Interessant ist es, ein Blick auf die Ölkatastrophe von ExxonMobil zu werfen. Der Aktienkurs des Unternehmens brach zwar kurzfristig betrachtet ein, aber auf langfristige Sicht konnte auch der Skandal nichts an dem Alleinstellungsmerkmal ändern. Gewiefte Investoren nutzen allerdings Skandale und zwischenzeitliche Kurseinbrüche, um große Zukäufe zu tätigen, denn es ist wahrscheinlich, dass sich das Unternehmen wieder davon erholt, zumindest, wenn ein starkes Alleinstellungsmerkmal vorhanden ist. Es kann also durchaus sinnvoll sein, gezielt nach Unternehmen Ausschau zu halten, gegen die gerade ein Wettbewerbsverfahren geführt wird, um die Gunst der Stunde für große (und günstige!) Zukäufe zu nutzen. Unternehmen, gegen die Wettbewerbsverfahren geführt werden, führen in der Regel eine Einmalzahlung durch, gehen Zugeständnisse ein und das alles ändert nur äußerst selten etwas an der Marktstellung. Nach kurzer Zeit haben sich diese Unternehmen davon erholt, die Kurse steigen erneut und die gewieften Investoren haben günstig zugekauft und so von dem Wettbewerbsverfahren profitiert.

5.5 Das 5-Kräfte-Modell zur Analyse der Branchenstruktur

Im Rahmen einer Branchenstrukturanalyse sollte das 5-Forces-Modell (5-Kräfte-Modell) von Porter genutzt werden. Dieses hilft effektiv dabei, die wichtigsten externen Einflussfaktoren auf das Unternehmen zu identifizieren. Die nachfolgend aufgeführten Einflussfaktoren sind laut Porter die wichtigsten:

- Die Wettbewerbsintensität in der Branche
- Die Bedrohung durch neue Wettbewerber
- Die Verhandlungsmacht der Lieferanten
- Die Verhandlungsmacht der Kunden (Abnehmer)
- Die Bedrohung durch Ersatzprodukte

Je höher die **Wettbewerbsintensität in der Branche** ist, desto weniger attraktiv ist diese einzuschätzen. Es wird also ein Blick auf die Anzahl der Wettbewerber in der Branche geworfen, allerdings auch auf den Grad der Produktdifferenzierung und auf das Wachstum der Branche. Möglichkeiten, die Wettbewerbsintensität zu quantifizieren, bieten die operative Marge sowie die Umsatzrendite und die Gesamtkapitalrendite einer einzelnen Branche.

Im Hinblick auf die **Bedrohung durch neue Wettbewerber** ist hier festzuhalten, dass diese vor allem durch das Vorhanden- oder Nichtvorhandensein von Markteintrittsbarrieren auftritt oder auch nicht. Markteintrittsbarrieren, sind, wie es der Name bereits vermittelt, Barrieren, die neuen Wettbewerbern einen einfachen Markteintritt nur schwer möglich machen. Es gibt viele Faktoren, die Markteintrittsbarrieren darstellen. Zu nennen ist ein etablierter Markenname, das erforderliche technische Wissen bzw. Know-How, stabile Kundenbeziehungen und den bloßen Kapitalbedürfnissen, um in den jeweiligen Markt einzusteigen. Nicht zu vergessen ist auch die Kontrolle über die Vertriebswege. Es gibt einige große Unternehmen, wie beispielsweise The Coca-Cola Company, die über viele Jahre hinweg große Eintrittsbarrieren für etwaige Konkurrenten geschaffen haben. Es ist nahezu unmöglich, so viel Kapital aufzubringen, um die Marktposition des Getränke-Giganten zu beeinträchtigen. Aus diesem Grund ist es auch, dass sich Coca-Cola Getränke in nahezu jedem Restaurant, in jeder Kneipe, an jeder Raststätte und an jedem Kiosk finden lassen.

Die **Verhandlungsmacht von Lieferanten sowie auch die Verhandlungsmacht der Kunden** bzw. Abnehmer, ist nicht zu unterschätzen und stellt für Unternehmen in vielen Fällen eine Gefahr dar. Logischerweise ist es wichtig, so wie es zum Beispiel der Discounter Aldi vorgemacht hat, eine unverzichtbare Position zu errichten, sodass die Lieferanten von dem Unternehmen abhängig sind. Die Verhandlungsmacht der Lieferanten ist umso geringer, je kleiner und konzentrierter die Kundengruppe ist. Für Unternehmen (Lieferanten) sind kleine und konzentrierte Kundengruppen problematisch, weil diese leichter Forderungen nach Preissenkungen oder einer besseren Produktqualität durchsetzen können, weil genau gewusst wird, dass der jeweilige Lieferant auf Aufträge angewiesen ist und dieser in ernsthafte finanzielle und existenzielle Schwierigkeiten geraten würde, wenn die Aufträge plötzlich an einen konkurrierenden Lieferanten erteilt werden würden.

Gleichzeitig sollten Unternehmen darauf achten, ihre Produkte ausreichend zu differenzieren, damit die **Bedrohung durch Ersatzprodukte bzw. Substitutionsprodukte** möglichst geringgehalten wird. Wenn es andere, direkt mit dem eigenen Produkt vergleichbare Produkte gibt, dann lassen sich Preiserhöhungen nur schwer durchsetzen, weil die Kunden in diesem Fall das Produkt eines Wettbewerbers vorziehen werden. Außerdem existieren indirekte Substitute bzw. Ersatzprodukte. Die Elektrofahrräder stehen nicht nur in Konkurrenz mit den klassischen Fahrrädern, sondern auch mit Motorrollern, die durchaus Ersatzprodukte darstellen können. Nicht zu vergessen sind externe Einflüsse, wie die Entwicklung der Strom- und Benzinpreise, die für aber auch gegen eine Anschaffung eines Elektrofahrrads sprechen können.

5.6 Die Boston Consulting Group Portfolioanalyse

Bevor mit der umfangreichen Analyse mit der Boston Consulting Group Portfolioanalyse (BCG-Analyse) durchgeführt wird, sollte bereits klar und deutlich sein, dass das Unternehmen innerhalb des eigenen Kompetenzbereiches liegt (Kapitel 5.1), dass dieses ein geeignetes Geschäftsmodell und im besten Fall Alleinstellungsmerkmale aufweist (Kapitel 5.2) und dass die Rahmenbedingungen (Kapitel 5.4) stimmen.

Die Boston Consulting Group hat eine Matrix entwickelt, die sogenannte BCG-Matrix, die es erlaubt, einen aufschlussreichen Überblick über die einzelnen Geschäftsbereiche des Unternehmens zu erhalten. Auf der horizontalen X-Achse wird der Marktanteil (in Prozent) abgetragen und auf der vertikalen Y-Achse das Wachstum (in Prozent) des jeweiligen Geschäftsbereiches. Insgesamt besteht die BCG-Matrix aus vier Feldern, die mit unterschiedlichen Bezeichnungen und Normstrategien gefüllt sind:

- Stars

Das Feld, das die Stars enthält, ist oben rechts in der Matrix angesiedelt und verfügen somit über einen hohen Marktanteil bei gleichzeitig starkem Wachstum. Die Boston Consulting

Group empfiehlt, dass weitere Investitionen in diese (Star-) Produkte bzw. Segmente durchgeführt werden sollten.

- Cash-Cows

Das Feld, in dem die Cash-Cows aufgeführt werden, befindet sich unten auf der rechten Seite der Matrix. Cash-Cows sind dementsprechend solche Produkte, die einen hohen Marktanteil aufweisen, allerdings nur geringes Wachstum verzeichnen. Diese Produkte oder Segmente sind schon länger im Markt und gut positioniert. Aus diesem Grund wird empfohlen, nur noch geringfügig in die Cash-Cows zu investieren. Diese werden dazu genutzt, um andere Segmente und Bereiche mit Geldflüssen zu unterstützen bzw. zu versorgen. Dabei handelt es sich um eine Abschöpfungsstrategie.

- Poor-Dogs

Das Feld, in dem sich die Poor Dogs befinden, ist auf der unteren linken Seite angeordnet. Die Poor Dogs sind somit die Segmente oder Produkte, die nur einen geringen Marktanteil und ein rückläufiges oder stagnierendes Wachstum aufweisen. Des Weiteren sind es diese Produkte bzw. Segmente, die nicht mehr die gewünschte Performance aufweisen, weshalb sich eine Desinvestitionsstrategie empfiehlt. Nichtsdestotrotz kann es in einigen Fällen auch sinnvoll sein, in die Poor Dogs zu investieren, doch in der Regel sind diese Investitionen besser bei den Stars oder den Question-Marks anzulegen.

- Question-Marks

Question-Marks sind die Segmente bzw. Produkte, die ein hohes Marktwachstum, jedoch nur einen geringen Marktanteil aufweisen. In der BGC-Matrix sind die Question-Marks oben auf der linken Seite zu finden. Oft sind Question-Marks neue Produkteinführungen, die sich entweder zu einem Star oder zu einem Poor-Dog entwickeln können. Es kommt also darauf an, wie sich die Question-Marks entwickeln und ob eine Investitions- oder Desinvestitionsstrategie angewandt wird.

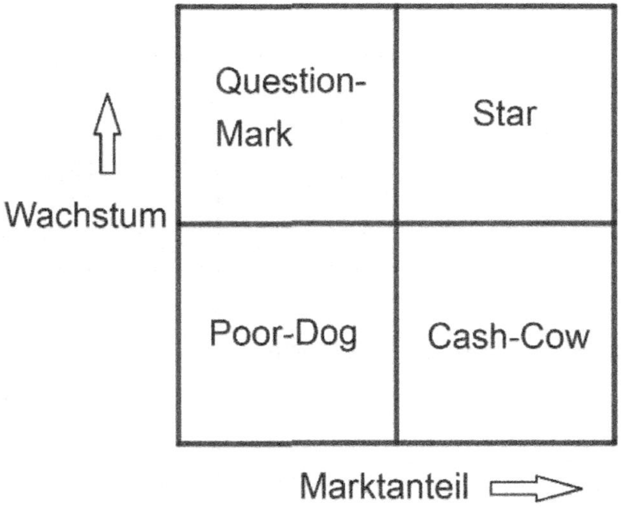

Darstellung 39 - Boston Consulting Group (BGC) Matrix

5.6.1 Beispiel zur Anwendung der BCG-Analyse

Die Anwendung der BCG-Matrix bzw. -Analyse soll nun anhand eines fiktiven Automobilherstellers erläutert werden. Der Automobilhersteller weist die nachfolgend aufgeführte BGC-Matrix auf:

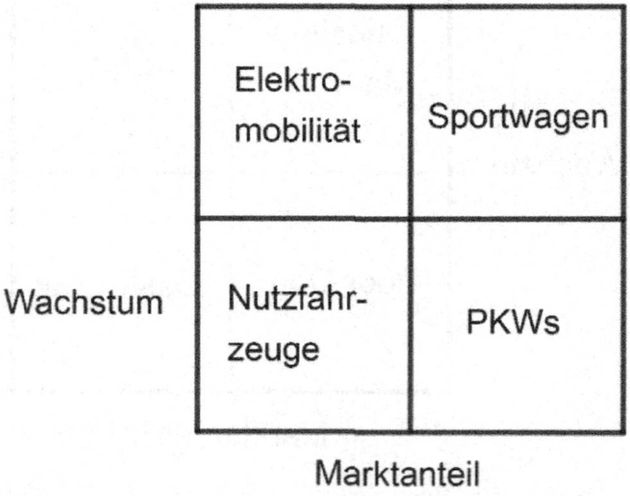

Darstellung 40 - Anwendung der BCG-Matrix

Es ist leicht zu erkennen, dass die PKW-Sparte des Automobilherstellers einen hohen Marktanteil bei gleichzeitig niedrigem Wachstum aufweist und diese deshalb eine Cash-Cow darstellt. Da es sich bei den Automobilmärkten um mehr oder weniger gesättigte Märkte handelt, ist in Zukunft kein übermäßig hohes Wachstum zu erwarten. Die Cash-Flows die diese Sparte generiert, werden genutzt, um Mittel in die anderen Bereiche zu investieren.

Vor allem investiert das Unternehmen in die Elektromobilität, die ein Question-Mark ist und hohe Investitionen erfordert, um in dem schnell wachsenden Markt neue Technologien zu entwickeln und der Konkurrenz ein Stück weit voraus zu sein. Investitionen sind erforderlich, um den Marktanteil weiter auszubauen und das Wachstum beizubehalten.

Besonders stark ist der Automobilhersteller in dem Segment Sportwagen. Die Modelle überzeugen die Kundschaft seit vielen Jahren und das Sportwagen-Segment ist der Star des Unternehmens. Ein hohes Wachstum und gleichzeitig ein hoher Marktanteil sorgen für hohe Cash-Flows, die in die Elektromobilität investiert werden können.

Problematisch ist allerdings die Sparte der Nutzfahrzeuge, die nur ein geringes Wachstum bei einem ebenso geringen Marktanteil aufweist und deshalb der Poor-Dog ist. In der Vergangenheit wurden wichtige Investitionen versäumt. Hier empfiehlt es sich, Mittel abzuziehen und eine Desinvestitionsstrategie zu fahren, um aus dem defizitären Geschäft auszusteigen. Alternativ zu einer Desinvestitionsstrategie kann das Unternehmen auch versuchen, den Nutzfahrzeug-Bereich zu restrukturieren. Dafür sind allerdings hohe Investitionen erforderlich, die im Segment Elektromobilität benötigt werden.

Zusammenfassend lässt sich feststellen, dass der Automobilhersteller mit dem PKW-Segment eine solide Cash-Cow hat. Dadurch kann in den aufstrebenden Elektromobilitäts-Bereich investiert werden und dieser weiterwachsen. Damit die Segmente ausgewogen sind, müsste das Segment der Nutzfahrzeuge im Rahmen einer Desinvestitionsstrategie verkauft werden oder durch eine Umstrukturierung und damit verbundene Investitionen zurück in die Gewinnzone kehren.

5.7 Die Wettbewerbsstrategie nach Porter

Im Rahmen der Wettbewerbsstrategie nach Michael E. Porter werden Strategien entwickelt, die dazu beitragen, dass Unternehmen ihre Marktposition festigen können. Es existieren die folgenden Strategien:

Die Strategie der Qualitätsführerschaft	Die Strategie der aggressiven Kostenführerschaft
Die Strategie der selektiven Qualitätsführerschaft	Die Strategie der selektiven Kostenführerschaft

Wichtig ist, das Unternehmen eine dieser Strategien anwenden, um langfristig Wettbewerbsvorteile nutzen zu können. Aus diesem Grund sollte im Rahmen der Analyse überprüft werden, ob das betrachtete Unternehmen ein solches Kriterium erfüllt oder ob das Erreichen dieser Position in der nahe gelegenen Zukunft möglich ist.

Die Strategie der Qualitätsführerschaft sowie auch die Strategie der aggressiven Kostenführerschaft verfolgen beide eine Gesamtmarktabdeckung. Die Discounter-Kette ALDI ist ein ideales Beispiel für ein Unternehmen, dass die Strategie der aggressiven Kostenführerschaft mit Gesamtmarktabdeckung anwendet. Der Anspruch von Aldi ist also, die günstigsten Produkte des Gesamtmarktes anzubieten. Die Swatch Group, ein bekannter Uhrenhersteller, nutzt die Strategie der Qualitätsführerschaft mit Gesamtmarktabdeckung.

In bestimmten Nischen wenden Unternehmen oder Teilbereiche von Unternehmen die Strategie der selektiven Qualitätsführerschaft sowie der selektiven Kostenführerschaft erfolgreich an. Es ist allerdings als problematisch zu betrachten, wenn ein Unternehmen zwischen den Bereichen steht, sprich weder Qualitäts- noch Kostenführer ist. Dann nämlich leidet die Rentabilität darunter, dass hohe Qualität und niedrige Kosten in Einklang gebracht werden müssen.

5.8 Stärken, Schwächen, Chancen und Risiken erkennen

SWOT steht für Strenghts (Stärken), Weaknesses (Schwächen), Opportunities (Chancen) und Threats (Risiken) und ist ein Werkzeug, dass unter anderem der Positionsbestimmung von Unternehmen dient. Im Rahmen der Unternehmensbewertung hilft die SWOT-Analyse dabei, die Erkenntnisse aus der Unternehmensanalyse und der der Unternehmensumwelt zu veranschaulichen. Insgesamt vier Fragestellungen werden bei der SWOT-Analyse behandelt:

- Die Stärken und Chancen: Wie können die internen Stärken des Unternehmens dazu beitragen, damit externe Chancen optimal ausgenutzt werden? (Die Stärken sind all die Merkmale des Unternehmens, die diesem einen Vorteil vor der Konkurrenz verschaffen. Die Chancen sind alle Faktoren, die für das Unternehmen von Vorteil sind)

- Die Stärken und Risiken: Wie können die internen Stärken des Unternehmens dazu beitragen, dass externe Risiken verhindert oder zumindest eingedämmt werden können? (Die Risiken sind die Faktoren und Entwicklungen im Unternehmensumfeld oder im Marktgeschehen, aus denen Gefahren oder Nachteile entstehen können)

- Die Schwächen und Chancen: Wie können die internen Schwächen für neue Chancen und Möglichkeiten genutzt werden, sprich, wie werden die Schwächen in

Stärken umgewandelt? (Die Schwächen sind alle Faktoren du Merkmale, die einen Nachteil im Vergleich mit der Konkurrenz bedeuten)

- Die Schwächen und Risiken: Worin bestehen die Schwächen des Unternehmens und wie kann sich das Unternehmen vor externen Risiken bzw. Gefahren schützen?

5.9 Das Management

Das Management eines Unternehmens zu beurteilen gehört sicherlich zu den schwierigeren Aufgaben bei der Unternehmensbewertung und kann logischerweise nur mit dem Bauchgefühl erfolgen. Nichtsdestotrotz ist es möglich, sich ein zuverlässiges Bild über das Management des Unternehmens zu bilden, indem nach typischen Verhaltensmustern der Vergangenheit gesucht wird.

Besonders hilfreich ist es, wenn Prognosen, die von dem Management getroffen wurden, direkt mit den tatsächlich eingetretenen Ergebnissen verglichen werden. So lassen sich Schlüsse hinsichtlich der Glaubwürdigkeit des Managements treffen. Grundsätzlich sollten auch frühere Interviews, Lageberichte in den Geschäftsberichten und entsprechende Zeitungsartikel gelesen werden, um sich ein umfangreicheres Bild machen zu können. Im Hinblick darauf, dass Aktienoptionen dem Management kurzfristig einen Anreiz geben, die Profite zu maximieren, was langfristig jedoch nicht immer sinnvoll ist, sollte unbedingt ein genauer Blick auf Aktienoptionsprogramme für das Management geworfen werden. Des Weiteren kann die Ausschüttungspolitik interessante Informationen über die wahren Ziele des Managements geben. Wenn das Management eine hohe Beteiligung an dem Unternehmen aufweist, so ist dies meist als positiv zu bewerten, da so das eigene finanzielle Wohlergehen direkt an das des Unternehmens gekoppelt ist. Im Hinblick auf die Vergütung des Managements sollte darauf geachtet werden, dass sich die Anreize auf den Cash-Flow und nicht auf den Gewinn beziehen, da letzterer durch bilanzpolitische Tricks beeinflusst und geschönt werden kann. Allerdings lässt sich nur schwer verallgemeinern, ob die Vergütung fix oder variable erfolgen sollte. Auch hier ist der Einzelfall genau zu betrachten.

5.10 Abschließende Worte zu der Geschäftsmodell-Analyse

Nun geht es daran, zu analysieren und zu beurteilen. Hat das Unternehmen einen Wettbewerbsvorteil oder gar ein Alleinstellungsmerkmal gegenüber der Konkurrenz? Sind die Produkte, die das Unternehmen den Konsumenten anbietet, verständlich? Ist das Geschäftsmodell des Unternehmens leicht nachzuvollziehen? Ist es möglich, die Branche und die zukünftige Entwicklung derselben zuverlässig einzuschätzen? Ist der Einsatz von einbehaltenem Kapital durch das Unternehmen als sinnvoll zu bewerten?

Werden all diese Fragen mit einem klaren „ja" beantwortet, so kann das Unternehmen bewertet werden und stellt eine interessante, potenzielle Investition dar. Ob die Bewertung dann auch tatsächlich zeigt, dass das Unternehmen eine Investition wert ist, bleibt dennoch abzuwarten.

Zunächst soll hier jedoch nun ein detaillierter Blick auf die Ausschüttungspolitik geworfen werden, die Aufschluss über die adäquate Verwendung von überschüssigem Kapital innerhalb des Unternehmens gibt.

5.11 Die Ausschüttungspolitik

Unternehmen, die erfolgreich sind und gut wirtschaften, nehmen in der Regel mehr ein, als investiert werden muss, um sich gegen den Wettbewerb behaupten zu können. Optimal ist es, wenn dem Unternehmen noch zusätzliche Investitionen zur Verfügung stehen, bei denen es möglich ist, das Kapital zu reinvestieren. Ist dem nicht so, so wird der Free-Cash-Flow, sprich das überschüssige Kapital, dazu verwendet werden, um Kredite zu tilgen, Übernahmen anderer Unternehmen zu finanzieren oder, um eine Ausschüttung an die Aktionäre im Rahmen von Dividenden oder Aktienrückkäufen vorzunehmen. Natürlich können die Gewinne auch einbehalten werden, um sich so ein finanzielles Polster zu schaffen oder das Kapital für eine größere Reinvestition zu verwenden.

5.11.1 Die Dividende

Die Dividende, die eine Form der Gewinnausschüttung darstellt, wird im Normalfall an der Höhe des erzielten Gewinns festgelegt und in regelmäßigen Abständen an die Aktionäre ausgeschüttet. In den Vereinigten Staaten von Amerika ist es beispielsweise üblich, die Dividende halbjährlich oder quartalsweise auszuschütten, während die Ausschüttung in Deutschlang jährlich nach der Hauptversammlung der Aktionäre stattfindet.

Interessant ist, dass sich die Ausschüttungsquoten von Branche zu Branche und Unternehmenstyp zu Unternehmenstyp deutlich unterscheiden. Unternehmen, die sich in einer starken Wachstumsphase befinden, brauchen die erwirtschafteten Gewinne, um das weitere Wachstum finanzieren und somit auch in der Zukunft konkurrenzfähig bleiben zu können. Aus diesem Grund ist es oft so, dass Wachstumsunternehmen gänzlich auf die Zahlung von Dividenden verzichten.

Anders verhält es sich bei Unternehmen, die bereits fest etabliert sind und nur noch langsam wachsen. Diese schütten regelmäßig einen Großteil des Gewinns an die Aktionäre aus, weil es schlussendlich nur wenige rentable Investitionsmöglichkeiten gibt.

Die Berechnung der Ausschüttungsquote wird anhand des Anteils der Dividendensumme am Jahresüberschuss berechnet. Nichtsdestotrotz ist es sinnvoller, die Ausschüttungsquote mithilfe der operativen Cash-Flows zu bestimmen, da Dividenden Ausschüttungen darstellen und der Jahresüberschuss nicht unbedingt den zugeflossenen Mitteln entspricht. In einem extremen Fall wäre es also so, dass das betroffene Unternehmen zwar Gewinne aufweist, aufgrund hoher Investitionen in das Umlaufvermögen jedoch nicht über einen positiven Cash-Flow verfügt und für die Ausschüttung der Dividenden Kredite aufnehmen müsste. Letzteres gilt es natürlich zu vermeiden, schließlich werden Zinsen auf die Kredite fällig.

Die Formel zur Berechnung der Ausschüttungsquote lautet wie folgt:

Ausschüttungsquote= (Dividende pro Aktie)/(operativer Cash-Flow pro Aktie)

Wichtig ist, dass Unternehmen nur dann Dividenden ausschütten, wenn das Kapital innerhalb des Unternehmens nicht angemessen genutzt werden kann und die Ausschüttung somit gerechtfertigt ist. Dies begründet sich durch die Abgeltungssteuer, die auf Dividenden zu zahlen ist. Außerdem besteht für die Aktionäre so das Problem, die erhaltenen Dividende erneut anzulegen, was auch mit Transaktionskosten verbunden ist.

Die Dividendenrendite gibt an, wie attraktiv eine Aktie im Hinblick auf die Ausschüttung von Dividenden ist. Die Dividendenrendite berechnet sich aus dem Verhältnis der Dividendenausschüttung zu dem aktuellen Aktienkurs und wird mit folgender Formel bestimmt:

Dividendenrendite = (Dividende pro Aktie)/Aktienkurs

Beträgt der Aktienkurs also beispielsweise 100 Euro und es werden 5 Euro pro Aktie als Dividende ausgeschüttet, so beträgt die Dividendenrendite 5 %.

Dividendenrendite = 5 Euro/100 Euro = 5 %

Wichtig ist jedoch, dass sich bewusst ist, dass der Betrag der Ausschüttungen direkt auf den Aktienkurs auswirkt. Dieser verringert sich um den Ausschüttungsbetrag, sodass sich die Aktionäre, die die Aktien einen Tag vor der Dividendenausschüttung kaufen, nicht über einen risikofreien Gewinn freuen können.

5.11.2 Die Aktienrückkäufe

Im Rahmen eines Aktienrückkaufs erwirbt ein Unternehmen seine eigenen Aktien von den Aktionären zurück. Diese werden dann entweder vernichtet oder als Übernahmewährung beibehalten. Durch die Reduzierung der Anzahl an ausstehenden Aktien wird der Anteil jedes einzelnen Aktionärs an dem Unternehmen größer.

Anhand des folgenden **Beispiels** sollen nun die Auswirkungen von Aktienrückkäufen aufgezeigt und im Detail erläutert werden:

Ein Unternehmen hat insgesamt 20 Aktien ausstehen und der Aktienkurs beträgt 40 Euro. Ein Aktionär besitzt eine Aktie dieses Unternehmens und hält somit 5 % (1/20) am gesamten Unternehmen. Kommt es jetzt dazu, dass das Unternehmen eine Aktie am Markt zurückkauft und diese dann vernichtet, so sind nur noch 19 Aktien verfügbar. Dadurch kommt es zu einer Steigerung des Anteils an dem Unternehmen durch den Aktionär. Dieser hat nun einen höheren Anteil an dem Unternehmen, nämlich 5,2 % (1/19). Weil der Aktienrückkauf durch das Unternehmen einen Abfluss von Mitteln bewirkt, bleibt der Aktienkurs davon völlig unberührt. Allerdings verliert das Unternehmen an Wert, weil Geld abfließt. Doch zur selben Zeit steigt der Anteil an dem gesamten Aktienkapital, da weniger ausstehende Anteile vorhanden sind. Kurz und knapp zusammengefasst lässt sich feststellen, dass Aktienrückkäufe den Anteil jedes einzelnen Aktionärs am Unternehmen vergrößern.

Verfügt ein Unternehmen beispielsweise über 100 Euro Cash, über 100 Euro Eigenkapital und hat 10 ausstehende Aktien bei einem Kurs-Buchwert-Verhältnis von 1, so ist eine Aktie 10 Euro Wert. Erfolgt nun ein Rücklauf von einer Aktie (für 10 Euro), so verringern sich der Cash-Bestand und auch das Eigenkapital des Unternehmens um 10 Euro. Das Unternehmen hat jetzt also nach dem Aktienrückkauf einen Cash-Bestand von 90 Euro und ebenfalls das Eigenkapital beträgt 90 Euro. Es gibt jedoch nur noch 9 ausstehende Aktien, weshalb der Kurs der Aktie weiterhin 10 Euro beträgt.

Bei Aktienrückkäufen durch Unternehmen handelt es sich um eine effiziente Form der indirekten Ausschüttung. Es müssen keine Steuern an das Finanzamt abgeführt werden und außerdem hat das Management die praktische Möglichkeit, durch durchdachte, gezielte Rückkäufe realen Wert zu kreieren. Für den Fall, dass eine signifikante Unterbewertung der Aktien besteht, so sollte die Unternehmensleitung reagieren und überschüssiges Kapital für die Rückkäufe von Aktien verwenden. Wenn eine Aktie bei dem Kurs von 10 Euro notiert, nach einer umfangreichen Analyse jedoch festgestellt wird, dass diese eigentlich 20 Euro wert und somit unterbewertet ist, so kann das Unternehmen diese besonders günstig zurückkaufen und erhält quasi pro 50 Cent 1 Euro. Außerdem ist hier an dieser Stelle zu erwähnen, dass Aktienrückkaufe im direkten Vergleich zu Dividendenauszahlungen einen weiteren Vorteil aufweisen. Und zwar entfällt die Wiederanlageproblematik komplett.

In der Bundesrepublik Deutschland erlaubt das Aktiengesetz (AktG) den deutschen Unternehmen höchstens 10 % der ausstehenden Aktien in ihrem Bestand zu halten. Bevor ein Rückkauf stattfindet, müssen also stets die alten noch im Bestand existenten Aktien vernichtet werden. Außerdem muss die Hauptversammlung der Schaffung neuer Kapazitäten zunächst zustimmen. Andernfalls ist ein Rückkauf von Aktien nicht möglich.

Doch Aktienrückkäufe haben nicht nur Vorteile, sondern auch Nachteile, denn zahlreiche Unternehmen bezahlen ihr Management mit Aktienoptionen. Werden Rückkaufprogramme zu exzessiv genutzt, um kurzfristige Kurssteigerungen zu bewirken, so sind diese mit Vorsicht zu genießen. Aktienrückkäufe sollten von den Unternehmen nur dann durchgeführt werden, wenn dies aus Sicht der Rentabilität sinnvoll ist. Werden hingegen Rückkäufe getätigt, ohne, dass dabei auf Preis und Menge geachtet wird, so ist dies entgegen einer nachhaltigen und verantwortungsvollen Finanzpolitik, weil das Kapital an anderer Stelle besser einzusetzen wäre. Außerdem ist es von entscheidender Wichtigkeit, dass Aktienrückkäufe nicht fremdfinanziert sein sollten.

5.11.3 Die Schlussfolgerungen

Im Rahmen dieses Unterkapitels sollen nun geklärt werden, welche Form der Ausschüttungspolitik von Fall zu Fall die beste bzw. geeignetste ist. Es gibt einige Grundregeln, die Unternehmen beachten sollten und die hier deshalb aufgeführt werden.

Solange das Unternehmen das Kapital rentabel einsetzt oder die Verschuldung desselben auf ein akzeptables Niveau gesenkt werden kann, sollten die Gewinne einbehalten und nicht ausgeschüttet werden. Wenn die Aktienkurse attraktiv sind, sollten ein Rückkauf der Aktien einer Dividendenausschüttung vorgezogen werden. Letzteres hat nicht nur steuerliche Vorteile, sondern erlaubt es, dass die zurückgekauften Aktien zum Wiederverkauf oder auch als Übernahmewährung benutzt werden können. Die Ausschüttung von Dividenden ist hingegen in Boom-Phasen durchaus sinnvoll, da die Aktien in diesen Zeiten in der Regel hoch im Kurs stehen und ein Rückkauf derselben dementsprechend teuer ist. Wie bereits erwähnt, ergeben sich so allerdings Nachteile für die Aktionäre, die Steuern auf die Dividende zahlen müssen. Außerdem ist es auch ohne konkrete Investitionsprojekte sinnvoll, die Gewinne einzubehalten, denn so kann sich das Unternehmen Stück für Stück ein finanzielles Polster aufbauen. Dadurch steigt die Flexibilität des Unternehmens und wichtige Entscheidungen können auf effiziente Weise intern finanziert werden.

Außerdem ist es Unternehmen, die die Möglichkeit der Tätigung sinnvoller Investitionen haben, dringend zu empfehlen, die Gewinne einzubehalten, um ein weiteres Wachstum von innen heraus, sprich ohne die Abhängigkeit von Fremdkapitalgebern, zu finanzieren. Dies lässt sich direkt mit der BCG-Matrix vergleichen. In diesem Fall sind die sinnvollen

Investitionen mit den Stars und Question-Marks gleichzusetzen. Für Unternehmen, die einen großen Teil der Gewinne aus einer Cash-Cow ziehen, empfiehlt es sich hingegen, einen Großteil des Gewinns an die Aktionäre auszuschütten, weil eben keine sinnvollen Investitionen verfügbar sind, so, wie es bei einem Wachstumsunternehmen der Fall ist. Des Weiteren gibt es Anreize, eine Dividende auszuschütten, die auf die Aktionärsstruktur zurückzuführen sind. Ein Beispiel stellen Beteiligungsgesellschaften dar, die ihre Anteile häufig mit Krediten gekauft haben und aus diesem Grund auf regelmäßige Cash-Flows in Form einer Dividende angewiesen sind, um diese Kredite zu tilgen. Auf der anderen Seite sind es die Aktionäre, die große Anteile an dem Unternehmen halten, die eine regelmäßige Ausschüttung von Dividenden fordern.

Doch auch neben diesen ökonomischen Kriterien, die für die Ausschüttung der Dividende sprechen, hat diese auch eine Signalfunktion. Die Unternehmen, die über Jahre hinweg ihre Dividende steigern konnten, gelten grundsätzlich als solide Unternehmen mit einem stabilen Geschäftsmodell. Außerdem bescheinigt eine lange Dividendenhistorie eine ausreichende Cash-Flow-Generierung. Ein weiterer Vorteil der Dividendenzahlungen für das Unternehmen selbst ist, dass so überschüssiges Kapital aus dem Unternehmen abfließt und deshalb nicht für unrentable Vorhaben bzw. Projekte eingesetzt wird. So wird das sogenannte Free-Cash-Flow-Problem gelöst. Die Unternehmen, die hochgradig verschuldet sind, sollten die Free-Cash-Flows dazu nutzen, um Finanzverbindlichkeiten zu tilgen, denn dadurch wird der Gewinn gesteigert, weil weniger Zinszahlungen fällig sind. Außerdem wird aufgrund einer höheren Eigenkapitalquote die Stabilität erhöht und durch nachhaltig höhere Cash-Flows eine höhere Gewinnbasis geschaffen.

Es gibt jedoch auch einen Ansatz der modernen Unternehmensfinanzierung, der besagt, dass das Verhältnis von Eigen- zu Fremdkapital völlig irrelevant ist und dass die Verschuldung keinerlei Einfluss auf den Wert von Unternehmen hat. Doch es hat sich gezeigt, dass das so nicht stimmt, denn die Ausschüttungspolitik hat einen wichtigen Einfluss auf die Kapitalstruktur von Unternehmen, weshalb es eben so wichtig ist, die Prinzipien des Managements zu kennen. Ein finanzielles Polster an liquiden Mitteln, kann, wie bereits erwähnt wurde, sogar einen Wettbewerbsvorteil darstellen. Unternehmen, die über Rücklagen verfügen sind in Krisenphasen weniger anfällig und können wichtige Investitionen tätigen, die der Konkurrenz aufgrund von finanziellen Engpässen über Fremdkapital finanzieren muss. In Krisenphasen müssen sich Unternehmen, die nur unzureichend kapitalisiert sind, vor allem auf die finanzielle Tätigkeit konzentrieren, wobei die operative Tätigkeit oft vernachlässigt wird.

6. KAPITEL – DIE KENNZAHLEN ZUR BEWERTUNG VON AKTIEN BZW. UNTERNEHMEN

WENN ZWEI UNTERNEHMEN MITEINANDER verglichen werden sollen, dann ist der Aktienkurs als absolute Größe dafür ungeeignet. Deshalb werden Bewertungskennzahlen eingesetzt, um die Aktienkurse von unterschiedlichen Unternehmen miteinander vergleichbar zu machen. Im Rahmen dieses Kapitels wird nun detailliert auf die Berechnung von Kennzahlen und auf die Interpretation von Multiplikatoren eingegangen. Letztere sind Bewertungskennziffern, die die absoluten Erfolgsgrößen, wie beispielsweise den Gewinn und den Umsatz in direkten Vergleich mit der aktuellen Bewertung an der Börse setzen. In diesem Kapitel geht es also um die aktuelle Bewertung von Unternehmen bzw. Aktien. Es gibt sogenannte Equity- und sogenannte Entitymultiplikatoren. Die Equitymultiplikatoren setzen die Marktkapitalisierung eines Unternehmens in Vergleich mit den Ergebnisgrößen, wie dem Jahresüberschuss, dem Eigenkapital oder dem Free-Cash-Flow, die den Eigenkapitalgebern zustehen. Die Entitymultiplikatoren beziehen zusätzlich den Wert des Fremdkapitals mit in die Berechnung ein. Dabei wird der sogenannte Enterprise Value, also die Marktkapitalisierung plus die Nettoverbindlichkeiten des Unternehmens, als Bezugsgröße genutzt und mit den Ergebnisgrößen verglichen, die beiden Kapitalgebern zustehen. Das EBIT, sprich das Ergebnis vor Zinsen und Steuern sowie der Free-Cash-Flow vor Zinsen sind dabei relevant.

6.1 Die Equitymultiplikatoren

Bekannnter Vertreter der Equitymultiplikatoren ist das Kurs-Gewinn-Verhältnis. Die Equitymultiplikatoren setzen den Marktwert des Unternehmens mit den Erfolgsgrößen ins Verhältnis, die den Eigenkapitalgebern zustehen. Die einzige Bezugsgröße, die bei den Equitymultiplikatoren zum Einsatz kommt, ist die aktuelle Marktkapitalisierung bzw. der aktuelle Börsenwert des Unternehmens. Zur Verdeutlichung: das Verhältnis zwischen Marktwert und EBIT ist hier keine zulässige Kennzahl, denn das EBIT dient nicht ausschließlich den Ansprüchen der Eigenkapitalgebern, sondern auch denen der Fremdkapitalgeber. Aufgrund der zukunftsgerichteten Orientierung der Marktteilnehmer, ist es wichtig, dass bei den Equity-, aber auch bei den Entitymultiplikatoren darauf geachtet wird, dass ausschließlich die in der Zukunft erwarteten Erfolgsgrößen im Rahmen der Berechnung verwendet werden. Die Gewinne, die in der Vergangenheit erzielt wurden, haben nur begrenzte Aussagekraft und lassen sich logischerweise nicht eins zu eins auf die Zukunft projizieren. Dennoch sind hohe Gewinne, die in der Vergangenheit erzielt wurden, als positiver Indikator zu betrachten und sollten deshalb in die Bewertung miteinbezogen werden.

Im Rahmen der Analyse ist es wichtig, dass stets mehrere Bewertungsmultiplikatoren herangezogen werden, da die Verwendung von lediglich einer Kennzahl viel zu ungenau und fehleranfällig wäre.

Doch nun mehr zu den einzelnen Equitymultiplikatoren:

6.1.1 Das Kurs-Gewinn-Verhältnis (KGV)

Das Kurs-Gewinn-Verhältnis, kurz als KGV bezeichnet, zeigt auf, zum Wievielfachen des erwarteten oder aktuellen

Gewinns ein Unternehmen an der Börse bewertet ist. Im Falle eines Kaufs des Unternehmens, gibt das KGV an, wie viele Jahre es dauern würde, bis sich das investierte Kapital, sprich die Investition, bei konstanten Gewinnen amortisiert hat. Die Formel zur Berechnung des KGV lautet wie folgt:

Kurs-Gewinn-Verhältnis = Marktkapitalsierung/Jahresüberschuss = Aktienkurs/Gewinn pro Aktie

Wie bereits erwähnt, sollte im Rahmen der Berechnung der erwartete Gewinn pro Aktie für das kommende Geschäftsjahr herangezogen werden, allerdings nur, wenn dieser relativ zuverlässig und plausibel zu ermitteln ist. Ist eine zuverlässige Prognose des für das kommende Geschäftsjahr zu erwartendem Gewinns nicht möglich, so sollte der Gewinn des vorigen Geschäftsjahres für die Berechnung des KGVs verwendet werden.

Ein niedriges Kurs-Gewinn-Verhältnis steht in der Regel für eine günstige Bewertung des Unternehmens. Aktien können also günstig an der Börse erworben werden. Auf der anderen Seite steht ein hohes KGV für eine eher teure Bewertung des Unternehmens bzw. der Aktie desselben. Die wichtigste und gleichzeitig auch die maßgebende Determinante des Kurs-Gewinn-Verhältnis ist das Wachstum des betrachteten Unternehmens, denn je schneller dieses wächst, desto schneller amortisiert sich auch die Investition (im Falle eines Kaufes des Unternehmens).

Die Berechnung des KGV soll nun anhand eines **Beispiels** erläutert werden:

Das Unternehmen XYZ hat einen Jahresüberschuss nach den Anteilen von Dritten von 125 Millionen Euro erzielt. Außerdem wird die verwässerte Anzahl von 50 Millionen

Aktien im Geschäftsbericht ausgewiesen. Der aktuelle Kurs der Aktie notiert bei 40 Euro.

Zunächst muss der Gewinn pro Aktie berechnet werden, in dem der Jahresüberschuss durch die gesamte Anzahl an Aktien dividiert wird:

Gewinn pro Aktie = Jahresüberschuss/Anzahl aller Aktien

Gewinn pro Aktie = 125 Millionen Euro/50 Millionen = 2,50 Euro

Der Gewinn pro Aktie beträgt also 2,50 Euro. Nun kann das KGV berechnet werden:

Kurs-Gewinn-Verhältnis = 40 Euro/2,50 Euro = 16

Das Kurs-Gewinn-Verhältnis des Unternehmens XYZ beträgt 16. Das KGV wurde allerdings mit Daten der Vergangenheit berechnet. Es sei an dieser Stelle angenommen, dass das Unternehmen XYZ für das kommende Geschäftsjahr einen um 20 % höheren Gewinn erzielen wird, sprich von 150 Millionen Euro. Daraus würde sich das folgende KGV ergeben:

Gewinn pro Aktie = 150 Millionen Euro/50 Millionen = 3 Euro

Der Gewinn pro Aktie ist um 50 Cent angestiegen, von 2,50 Euro auf 3 Euro.

Kurs-Gewinn-Verhältnis= 40 Euro/3 Euro = 13,33

Das KGV ist gesunken, weil die Aktie aufgrund der höheren Gewinnerwartungen für das kommende Geschäftsjahr günstiger bewertet ist.

Dieses Beispiel veranschaulicht, dass Unternehmen, die sich in starkem Wachstum befinden, aus aktueller Perspektive teuer bewertet sind, in der Zukunft allerdings steigende Gewinne bieten werden. Anders verhält es sich bei Unternehmen, die nur langsam wachsen. Diese sind auf die aktuellen Gewinne bezogen, zwar günstiger bewertet, doch in der Zukunft ist nur ein geringer Anstieg der Gewinne zu erwarten. Deshalb weisen Wachstumsunternehmen eine niedrige Einstandsrendite auf, die allerdings im Zeitverlauf durch die steigenden Gewinne kompensiert wird. Langsam wachsende Unternehmen hingegen, habe eine hohe Einstandsrendite, können aber zukünftig nur geringer Gewinnsteigerungen aufweisen. Berechnet wird die Einstandsrendite, die die Verzinsung der Investition im ersten Jahr beschreibt, indem der Kehrwert des KGVs berechnet wird. Die Formel lautet folgendermaßen:

Einstandsrendite = Gewinn pro Aktie/Aktienkurs = 1/KGV

Wenn eine Aktie also beispielsweise bei 25 € notiert und der Gewinn pro Aktie 1,50 Euro beträgt, so würde sich ein Kurs-Gewinn-Verhältnis von 16,67 ergeben. Durch die Bildung des Kehrwerts wird die Einstandsrendite von 6 % (1/16,67= 0,05998) berechnet.

An dieser Stelle lohnt es sich, einen Blick auf die typischen bzw. durchschnittlichen Einstandsrendite und KGVs von Unternehmen zu werfen. Der US-amerikanische Aktienindex Standard and Poor's 500 (S&P 500) beinhaltet die 500 nach der Marktkapitalisierung größten US-Unternehmen. Es handelt sich dabei um einen breit aufgestellten Index, der zwischen den Jahren 1901 und 2000 eine jährliche Rendite von 5,4 % erzielte. Nach der Bereinigung von Dividendenzahlungen, die nicht im Rahmen des Index erfasst werden, erzielt der S&P in diesem Zeitraum in etwa eine durchschnittliche Marktrendite von 6 % bis 7 %. Würde diese Rendite als geforderte Einstandsrendite angesetzt werden, so beträgt das Kurs-Gewinn-Verhältnis 15 bis 16. Dies wird auch von dem durchschnittlichen Kurs-Gewinn-Verhältnis seit der Einführung des Index bestätigt, die bei 16,4 liegt. An dieser Stelle kann also festgehalten werden, dass ein durchschnittliches Unternehmen im langfristigen Mittel eine Einstandsrendite von 6 % bis 7 % versprechen und ein KGV zwischen 15 und 16 aufweisen sollte.

Im Hinblick auf die Bewertung von Unternehmen ist hier festzuhalten, dass Aktien mit KGVs im einstelligen Bereich als attraktiv bzw. günstig und solche, die Werte von über 20 erreichen, als teuer anzusehen sind. Nichtsdestotrotz ist es möglich, dass für nachhaltige Wachstumswerte gilt, dass ein Kurs-Gewinn-Verhältnis von 20 unter gewissen Umständen als attraktiv und günstig angesehen werden kann. Dies ist aber vor allem von dem Wachstum des Unternehmens abhängig.

Das Wachstum hat mittelbaren Einfluss auf das KGV. Doch es gibt noch weitere Faktoren, die hier keinesfalls außer Acht gelassen werden sollen und in den folgenden Absätzen erklärt werden.

Die Marktposition

Normalerweise ist es so, dass die Unternehmen, die eine starke Marktposition innehaben, stabile und verlässlich zu prognostizierende Gewinne erzielen. Das verschafft den Anleger und Investoren Sicherheit, die der Aktienmarkt wiederum durch eine höhere Bewertung belohnt. Des Weiteren ist hier zu nennen, dass die Unternehmen, die ein Alleinstellungsmerkmal aufweisen, in kritischen Phasen weniger anfällig sind, da diese über eine Preismacht verfügen. Aus eben diesen Gründen belohnt der Aktienmarkt diese Unternehmen mit einer höheren Bewertung.

Die finanzielle Stabilität

Ein weiterer Faktor, der sich positiv auf die Bewertung von Unternehmen am Aktienmarkt auswirkt, ist die finanzielle Stabilität. Diese bringt ein zumindest erhöhtes Maß an Sicherheit mit sich. Im direkten Vergleich von zwei Unternehmen, die außer der Verschuldung völlig identisch sind, ist es nur logisch, dass das Unternehmen bevorzugt wird, dass geringer verschuldet ist. Wenn Unternehmen hoch verschuldet sind, dann hat dies zur Folge, dass neben der Instabilität auch hohe Kosten anfallen, die aufgebracht werden müssen, um die Kredite zu tilgen. Dadurch wiederum werden die Gewinne geschmälert. Schwer ist es jedoch, pauschal einen idealen Verschuldungsgrad festzulegen, da dieser stets von dem Geschäftsmodell sowie der Cash-Flow-Volatilität abhängig ist. Es ist allerdings auch möglich, dass ein Unternehmen zwar auf der einen Seite hoch verschuldet, auf der anderen Seite jedoch besonders stabil ist und dass die hohe Verschuldung deshalb keinen negativen Einfluss auf die Bewertung nimmt. Viele Unternehmen nutzen Fremdkapital, um die Steuerlast zu optimieren.

Das Risiko

Die finanzielle Stabilität, die Marktposition des Unternehmens sowie die Volatilität der Cash-Flows ergeben das Risiko. Wenn ein Unternehmen zum Beispiel eine stabile Monopolstellung aufweist und gleichzeitig zu vernachlässigende, finanzielle Schulden hat, so ist das Risiko als gering einzustufen. Dementsprechend werden die Gewinne und das Wachstum eines solchen Unternehmens als sehr hoch bewertet, solange dies mit einem niedrigen Risiko einhergeht. Anders verhält es sich hingegen bei frisch gegründeten Unternehmen aus jungen Industrien. Diese weisen zwar oft hohe Wachstumsraten auf, sind aber gleichzeitig von großen Unsicherheiten geprägt, weshalb das Wachstum stets im Hinblick auf das Risiko bewertet werden sollte.

Das Management

Nicht zu unterschätzen ist der Einfluss, den die Unternehmensführung auf das Unternehmen hat. Allerdings ist dieser je nach der Art des Geschäftsmodells und dem Organisationstyp des Unternehmens unterschiedlich. Die Entscheidungsmacht des Managements ist in der Regel bei kleinen, wachstumsstarken Unternehmen besonders weitreichend und sollte deshalb berücksichtigt werden. Logischerweise ergeben sich daraus Chancen und auch Risiken für die Aktionäre, die meist nur über ein begrenztes Mitspracherecht innerhalb des Unternehmens verfügen. Verlässt beispielsweise eine wichtige Führungspersönlichkeit ein Unternehmen, so kann sich das durchaus bemerkbar machen und zwar im Hinblick auf den Aktienkurs.

Die Gewinnqualität

Die Qualität der Gewinne spielt eine wichtige Rolle, denn Gewinne schaffen nur dann Wert, wenn diese schnell genug in das Unternehmen fließen. Es gibt zwei Faktoren, die die Gewinnqualität beeinflussen:

Der Cash-Flow sollte stets in der Funktion einer Kontrollinstanz in die Bewertung des Kurs-Gewinn-Verhältnisses miteinbezogen werden. Gewinn ist nämlich nur dann Gewinn, wenn tatsächlich Geld in das Unternehmen fließt und der Großteil davon nicht reinvestiert werden muss oder im

Umlaufvermögen gebunden wird. Überprüft werden kann dies mithilfe der Sachinvestitionsquote sowie mit der Umsatzverdienstrate. Wie bereits mehrmals erwähnt wurde, sind Wachstumsunternehmen, die nur über eine geringe Cash-Generierung verfügen, meist auf externes Kapital angewiesen, obwohl das Wachstum durchaus profitabel ist.

Außerdem wird die Gewinnqualität von den Sondereffekten im Rahmen der Gewinn- und Verlustrechnung beeinflusst. Um ein klares Bild von der Gewinnsituation eines Unternehmens zu erhalten, ist es also wichtig, dass diese Sondereffekte bereinigt werden. Des Weiteren sind auch die verwässernden Effekte aus Wandelanleihen oder Aktienoptionen bei der Gewinn-Bestimmung zu berücksichtigen. In der Regel weisen Unternehmen das Ergebnis pro Aktie verwässert und unverwässert auf.

6.1.1.1 Die Verteilung des Kurs-Gewinn-Verhältnis

Die 2000 größten Unternehmen der Welt weisen einen Median des KGVs in Höhe von 16,3 auf. Fast 66 % der betrachteten Aktien weisen ein KGV zwischen 12 und 20 auf. Knapp 70 % der betrachteten Unternehmen bzw. Aktien haben ein KGV von unter 22. Alle weiteren Aktien, die ober- bzw. unterhalb dieser Spanne liegen, sind entweder Ausreißer oder solche Unternehmen, die besondere Qualitäten aufweisen.

6.1.1.2 Die Price-Earnings-to-Growth-Ratio

In der Regel ist es problematisch, ein faires KGV für junge, aufstrebende Unternehmen einzuschätzen. Die Price-Earnings-to-Growth-Ratio, kurz PEG, kann bei dieser Einschätzung des fairen KGVs helfen und dient der Abschätzung einer Unter- bzw. Überbewertung von Wachstumsaktien. Das aktuelle Kurs-Gewinn-Verhältnis wird dafür mit dem zu erwartenden Gewinnwachstum ins Verhältnis gesetzt. Die Formel zur Berechnung der PEG lautet wie folgt:

Price-Earnings-to-Growth-Ratio = KGV/Gewinnwachstum

Zu achten ist im Rahmen der Berechnung der PEG darauf, dass die Schätzung des zukünftigen Gewinnwachstums konservativ ist. Ein Wert für die Price-Earnings-to-Growth-Ratio von unter 1 ist als günstig zu bewerten, während Werte von genau 1 als fair gelten und Werte größer 1 für eine Überbewertung der jeweiligen, betrachteten Aktie sprechen.

6.1.2 Das Kurs-Cash-Flow-Verhältnis

Das Kurs-Cash-Flow-Verhältnis, kurz KCV, ist nur bedingt für die Bewertung von Unternehmen bzw. Aktien geeignet, da die Cash-Flows (operativer Cash-Flow sowie Free-Cash-Flow) starken Schwankungen unterliegen. Nichtsdestotrotz kann das Kurs-Cash-Flow-Verhältnis bei der Betrachtung von beständigen Unternehmen helfen, da diese in der Regel über weniger fluktuierende und somit über stabilere Cash-Flows verfügen, sodass es durchaus sinnvoll ist das KCV zu berechnen. Im Hinblick auf Unternehmen, deren Cash-Flows starken Schwankungen unterliegen, sollte das KCV dennoch im Zusammenhang mit den anderen Kennzahlen betrachtet werden.

Das Kurs-Cash-Flow-Verhältnis wird wie folgt berechnet:

KCV = Marktkapitalisierung/operativer Cash-Flow = Aktienkurs/operativer Cash-Flow pro Aktie

In der Regel notiert das KCV unterhalt des Kurs-Gewinn-Verhältnisses, weil der operative Cash-Flow nach der Bereinigung um nicht zahlungswirksame Effekte meist höher ist, als der Jahresüberschuss. Aus diesem Grund sind also stets das KGV sowie weitere Kennzahlen zu betrachten, die hinsichtlich des Cash-Flows von Bedeutung sind.

Der operative Cash-Flow unterliegt meist einer höheren Volatilität als der Jahresüberschuss, was durch die Veränderungen des Working Capitals zu begründen ist. Um diesem Problem entgegenzuwirken, ist es zielführend, den operativen Cash-Flow vor Working Capital zu nutzen. Diese Kennzahl wird als Cash Earnings bezeichnet und berechnet sich, indem der Jahresüberschuss von nicht zahlungswirksamen Aufwendungen sowie von Sondereffekten bereinigt wird. Die Formel zur Berechnung der Cash Earnings lautet wie folgt:

Cash Earnings = Jahresüberschuss + Abschreibungen + / - Sondereffekte

Außerdem kann das Kurs-Cash-Flow-Verhältnis mithilfe des Free-Cash-Flows berechnet werden, dann wird von dem Kurs-Free-Cash-Flow-Verhältnis gesprochen, welches angibt, zu welchem Vielfachen des Free-Cash-Flow das Unternehmen bewertet wird. Doch auch hier gilt es, vorsichtig zu sein, da der Free-Cash-Flow durch größere Investitionen und Projekte verzerrt werden kann. Nichtsdestotrotz handelt es sich bei dem Kurs-Free-Cash-Flow-Verhältnis inhaltlich um eine Bewertungskennzahl mit hoher Aussagekraft, weil es eben dieser Betrag ist, der den Aktionären zur Verfügung steht.

6.1.3 Das Kurs-Buchwert-Verhältnis

Bei dem Kurs-Buchwert-Verhältnis, kurz KBV, handelt es sich um einen statischen Bewertungsmultiplikator, der auf einer Bilanzgröße basiert, während das KGV eine Gewinngröße mit der aktuellen Marktbewertung vergleicht. Das Kurs-Buchwert-Verhältnis gibt an, welchen Aufschlag der Markt auf den Buchwert, sprich das Reinvermögen des Unternehmens, bezahlt. Ob dem Unternehmen an der Börse ein Aufschlag auf dessen Buchwert gewährt wird, ist von den Zukunftsaussichten desselben abhängig. Es mag zwar zunächst absurd klingen, dass mehr für ein Unternehmen gezahlt wird, als die Vermögenswerte desselben nach dem Schuldenabzug wert sind, allerdings geht die Börse meist davon aus, dass das Unternehmen fortgeführt und nicht zerschlagen wird. Andere Unternehmen müssen hingegen einen Abschlag akzeptieren.

Die Formel zur Berechnung des Kurs-Buchwert-Verhältnisses lautet wie folgt:

Kurs-Buchwert-Verhältnis = Marktkapitalisierung/Eigenkapital = Aktienkurs/Buchwert pro Aktie

Wenn ein Unternehmen also unter seinem Buchwert notiert, sprich das Kurs-Buchwert-Verhältnis kleiner als 1 ist, so wäre es zumindest theoretisch möglich, dass komplette Unternehmen zu erwerben und zum Buchwert zu liquidieren. So wäre es für den Käufer möglich, einen risikofreien Gewinn zu erzielen. In der Praxis ist es allerdings so, dass nur sehr wenige Unternehmen unter ihrem Buchwert notierten. Gründe dafür können, neben anhaltenden Verlusten, auch zweifelhafte Vermögenswerte in der Bilanz oder eine schlichtweg zu geringe Rentabilität sein.

Die Berechnung des KBV soll nun im Rahmen eines **Beispiels** erläutert werden:

Ein Unternehmen hat 25 Millionen ausstehende Aktien und weist Eigenkapital nach den Anteilen Dritter in Höhe von 250 Millionen Euro aus. Daraus ergibt sich ein Eigenkapital pro Aktie von 10 Euro (250 Millionen Euro/ 25 Millionen).

Der Aktienkurs beträgt 15 Euro, woraus sich ein Kurs-Buchwert-Verhältnis von 1,5 berechnen lässt (15 Euro / 10 Euro). Soll allerdings das erwartete KBV berechnet werden, so muss das Eigenkapital zunächst um den erwarteten Gewinn nach den Anteilen Dritter erhöht und außerdem um die kommende Gewinnausschüttung reduziert werden. Wenn zum Beispiel ein Gewinn von 60 Millionen Euro erwartet wird und davon dann 70 % ausgeschüttet werden sollten, so berechnet sich der erwartete Buchwert, in dem das Eigenkapital mit dem Gewinn addiert und anschließend der Teil des Gewinns, der ausgeschüttet wird, subtrahiert wird (250 Millionen Euro + 60 Millionen Euro – 42 Millionen Euro = 268 Millionen Euro). Der Buchwert pro Aktie beträgt 10,72 Euro (268 Millionen Euro / 25 Millionen). Das Kurs-Buchwert-Verhältnis beträgt 1,4 (15 Euro / 10,72 Euro).

Eine Frage, die an dieser Stelle durchaus angebracht ist, ist, nach welchen Kriterien sich der auf den Buchwert bezahlte Aufschlag richtet? Dazu ist es sinnvoll, sich zwei Unternehmen (Unternehmen A und Unternehmen B) vorzustellen, die fast identisch sind und beide vollständig durch Eigenkapital finanziert werden. Angenommen, die zwei Unternehmen sind beiden im Showgeschäft tätig und bieten Talkshows im Fernsehen an. Der einzige Unterschied, der zwischen den zwei Unternehmen besteht, liegt in dem Moderator und Gastgeber der Show, der bei dem Unternehmen A arbeitet, ist äußerst bekannt, während der Moderator der Talkshows des Unternehmens B ein völlig neues Gesicht in der Fernsehlandschaft ist. Der Buchwert beider Unternehmen ist gleich, weil die zwei über den gleichen Senderaum sowie auch über die gleiche Ausstattung und Sender verfügen. Nichtsdestotrotz zahlen die Werbepartner dem Unternehmen A mit seinem bekannten Showmaster mehr Geld für Werbung, weil die Einschaltquoten schlichtweg höher sind, sodass das Unternehmen A einen höheren Gewinn auf das eingesetzte Kapital erzielt, als das Unternehmen B. Und genau aus eben diesem Grund muss das Unternehmen A höher notieren, als das Unternehmen B. Dieser Aufschlag auf das Eigenkapital hängt mit der Eigenkapitalrentabilität zusammen, die die Steigerung des Eigenkapitals angibt und folgendermaßen berechnet wird:

Eigenkapitalrendite = Jahresüberschuss/durchschnittliches Eigenkapital

Das Kurs-Buchwert-Verhältnis muss also etwas mit der Fähigkeit des Unternehmens zu tun haben, sein Eigenkapital zu verzinsen. Logischerweise bescheinigen effiziente Märkte den Unternehmen, die rentabel sind, eine höhere Bewertung, als den Unternehmen, die nicht rentabel wirtschaften. Deshalb ist es nichts Außergewöhnliches, wenn ein Unternehmen zu dem Vielfachen seines Buchwerts notiert, allerdings nur dann, wenn der Buchwert mit einer entsprechenden Rate gesteigert werden kann.

An dieser Stelle sei angenommen, dass die Unternehmen A und B aus dem vorangegangenen Beispiel beide bei einem Buchwert von 50 Millionen Euro beginnen. Das Unternehmen A steigert seinen Buchwert pro Jahr um 10 %, während Unternehmen B seinen Buchwert jährlich nur um 2,5 % steigern kann. Während das Unternehmen A weniger als 8 Jahre benötigt, um seinen Buchwert zu verdoppeln, braucht das Unternehmen B etwas mehr als 28 Jahre. Von den Märkten und natürlich auch von intelligenten Investoren wird dieser Sachverhalt eingepreist und somit ist die Bewertung von Unternehmen A höher als die von Unternehmen B. Natürlich lässt sich das bereits an den Eigenkapitalrenditen erkennen (Unternehmen A: 10 %, Unternehmen B: 2,5 %).

Der Aufschlag auf die Bewertung von Unternehmen kann auch als ökonomischer Goodwill verstanden werden.

Angenommen ein Unternehmen X weist zum Ende des Geschäftsjahres 50 Milliarden Euro Aktiva in der Bilanz aus. Würde dieser Betrag nun investiert werden, so könnte damit exakt dieselben Fabriken gebaut, dieselbe Infrastruktur und auch die gleichen Vorräte gekauft werden. Damit ließe sich theoretisch der gleiche Umsatz erzielen, wie es das Unternehmen X tut. Allerdings handelt es sich bei dem Unternehmen X um ein Traditionsunternehmen, dass schon Jahrzehnte lang am Markt ist und sich so in den Köpfen der Konsumenten festgesetzt hat. Wie bereits angemerkt, lässt sich also nur theoretisch der gleiche Umsatz erzielen. Bei dieser Betrachtung wurde allerdings die Marketingstrategie außen vorgelassen, die schlussendlich bei dem Unternehmen X verantwortlich für den Erfolg ist. Es wäre zwar möglich, das Unternehmen X so, wie es sich in der Bilanz darstellt, nachzubilden bzw. zu kopieren, doch der ökonomische Goodwill, sprich der hohe Bekanntheitsgrad dank der starken Marke, würde völlig unbeachtet bleiben.

Es gibt allerdings auch Unternehmen, deren Aktien mittelfristig betrachtet unter ihrem Buchwert notieren. Das passiert immer dann, wenn es dem Unternehmen nicht gelingt, seine Eigenkapitalkosten zu verdienen. Zur Veranschaulichung dieses Sachverhalts lohnt es sich, einen Blick auf den Anleihemarkt zu werfen. Wenn der Kupon einer risikofreien Anlage niedriger als der aktuelle Marktzins ist, so notiert diese Anleihe unter dem Nennwert. Wenn der Kupon dieser Anleihe allerdings über dem aktuellen Marktzins liegt, so sind die Anleger dazu bereit, einen Aufschlag auf den Nennwert zu bezahlen. Für den Aktienmarkt gilt, dass die Unternehmen, die über ihrem Buchwert (siehe Nennwert bei der Anleihe) notieren, eine Eigenkapitalrendite (siehe Kupon bei der Anleihe) aufweisen, die größer als die Eigenkapitalkosten (siehe Marktzins bei der Anleihe) sind. Daraus folgt, dass die Unternehmen, die ihre Eigenkapitalkosten nicht verdienen, unter dem bilanziellen Eigenkapital notieren. Daraus folgt außerdem, dass Unternehmen immer dann zu ihrem Buchwert notieren, wenn diese genau ihre Eigenkapitalkosten verdienen. Im Hinblick auf die Anleihe wäre dies der Fall, sprich die Anleihe würde genau zum Nennwert notieren, wenn der Kupon genau dem Marktzins entspricht. Unternehmen, die sehr rentabel sind, verdienen ein Premium, weil diese in der Lage sind, ihren Buchwert schnell zu steigern als unrentable Unternehmen. Wenn die Eigenkapitalrendite deutlich über den Eigenkapitalkosten liegt, notiert das Unternehmen über dem Buchwert. Wenn die Eigenkapitalrendite deutlich unter den Eigenkapitalkosten liegt, ist es andersherum und das Unternehmen notiert unter dem Buchwert. Aufgrund dieses Zusammenhangs ist das Kurs-Buchwert-Verhältnis dazu geeignet, um Unternehmen zu bewerten.

6.1.4 Das Kurs-Umsatz-Verhältnis

Mit dem Kurs-Umsatz-Verhältnis, kurz KUV, wird die das Unternehmen im Hinblick auf dessen Umsatz bewertet. Zuvor haben Leserinnen und Leser bereits das KGV kennengelernt, das den Jahresüberschuss bzw. Gewinn für die Bewertung nutzt, das KBV, dass den Buchwert heranzieht sowie das KCV, das den Cash-Flow in den Fokus der Bewertung stellt. Das absolute Umsatzniveau eines Unternehmens sagt nichts über die Rentabilität desselben aus, weshalb an dieser Stelle die Frage angebracht ist, wieso diese Kennzahl im Rahmen der Unternehmensbewertung genutzt wird? Das liegt daran, dass der Umsatz nur geringfügig manipuliert werden kann, während das Eigenkapital sowie auch der Gewinn eines Unternehmens mehreren bilanzpolitischen Wahlmöglichkeiten unterliegen. Des Weiteren eignet sich das Kurs-Umsatz-Verhältnis auch dazu, um Unternehmen zu bewerten, die Verluste erzielen. Letzteres funktioniert allerdings nur dann, wenn zukünftige Gewinne prognostiziert werden.

Die Formel zur Berechnung des Kurs-Umsatz-Verhältnisses lautet wie folgt:

KUV = Marktkapitalisierung/Umsatzerlöse = Aktienkurs/
Umsatz pro Aktie

Das KUV ist mit der Umsatzrentabilität korreliert, weil die letztere als Grenznutzen des Umsatzes interpretiert werden kann. Das nachfolgende Beispiel soll nun die Berechnung des Kurs-Umsatz-Verhältnisses aufzeigen:

Die Aktie eines Unternehmens weist momentan einen Kurs von 30 Euro auf. Für das kommende Geschäftsjahr wird erwartet, dass ein Umsatz von 75 Millionen Euro erzielt wird und das bei 5 Millionen ausstehenden Aktien.

Zunächst wird der Umsatz pro Aktie berechnet, indem der erwartete Umsatz durch die ausstehenden Aktien dividiert wird (75 Millionen Euro / 5 Millionen = 15 €). Nun kann das KUV berechnet werden:

KUV = 30 Euro/15 Euro = 2

Das Kurs-Umsatz-Verhältnis beträgt 2.

6.2 Die Entitymultiplikatoren

Anders als die Equitymultiplikatoren, vergleichen die Entitymultiplikatoren die Erfolgsgrößen, die allen Kapitalgebern zustehen, mit dem gesamten Unternehmenswert. Der Gesamtwert eins Unternehmens ergibt sich aus der Summe des Marktwerts von Eigen- und Fremdkapital. Bei den Entitymultiplikatoren geht es also darum, herauszufinden, was der Erwerb des gesamten Unternehmens kosten würde, auch unter Einbeziehung der Fremdkapitalgeber, die im Falle einer

Übernahme abgelöst werden müssten. Durch die Ablösung der Fremdkapitalgeber stellen sich positive Effekte ein, denn die Gewinne steigen, weil die Zinsbelastung durch den Kauf des Fremdkapitals komplett wegfällt. Die Struktur von Entitymultiplikatoren sieht meist so aus:

Enterprise Value/Erfolgsgrößen (vor Zinsen)

Bevor mit der Betrachtung der Entitymultiplikatoren begonnen wird, lohnt es sich, einen Blick auf den Enterprise Value zu werfen, der, wie unschwer der Formel zu entnehmen ist, eine wichtige Rolle spielt.

6.2.1 Der Enterprise Value

Neben der Marktkapitalisierung (Marktwert des Eigenkapitals), betrachtet der Ansatz des Enterprise Values auch den Marktwert des Fremdkapitals. Dahinter steht der Gedanke, dass jemand, der ein Unternehmen erwerben möchte, nicht nur die Eigenkapitalgeber dafür bezahlen muss, sondern auch eine Auszahlung an die Fremdkapitalgeber erfolgen muss, um über sämtliche Cash-Flows zu verfügen. Das ist auch ganz logisch, denn würden zwei Unternehmen betrachtet werden, die beide über Vermögenswerte in Höhe von 250.000 Euro verfügen und zu ihrem Buchwert notieren, das eine Unternehmen komplett durch Eigenkapital finanziert ist, das andere Unternehmen allerdings nur eine Eigenkapitalquote von 15 % aufweist, so ließe sich das eigenkapitalfinanzierte Unternehmen für 250.000 Euro, sprich zum Buchwert, erwerben. Das andere Unternehmen, das zu 85 % fremdfinanziert ist, könnte für 37.500 Euro erworben werden. Doch um den kompletten Zugriff auf die Vermögenswerte zu haben, müssten auch die Fremdkapitalgeber des Unternehmens ausbezahlt werden. Letztere müssten also 212.500 Euro erhalten, sodass die Summe für den Erwerb der Vermögenswerte insgesamt

250.000 Euro beträgt. Eine korrekte Bewertung ergibt sich also, wenn der Enterprise Value berechnet wird, indem die Marktkapitalisierung mit dem Fremdkapital addiert wird.

An dieser Stelle ist es also sinnvoll zu erwähnen, wie der Enterprise Value berechnet wird:

Enterprise Value = **Marktwert des Eigenkapitals + Marktwert des Fremdkapitals + Marktwert der Minderheitsanteile am Eigenkapital – liquide Mittel & Finanzanlagen – nicht operative Vermögenswerte**

Der **Marktwert des Eigenkapitals bzw. die Marktkapitalisierung** des Unternehmens wird berechnet, indem die Anzahl der Aktienn mit dem Aktienkurs multipliziert wird. Alternativ ist es möglich, das Kurs-Buchwert-Verhältnis mit dem bilanziellen Eigenkapital zu multiplizieren, um den Marktwert des Eigenkapitals zu erhalten. Der **Marktwert des Fremdkapitals** entspricht dem Buchwert des Unternehmens, wenn sich dieses in guter finanzieller Verfassung befindet. Das Fremdkapital von finanziell angeschlagenen Unternehmen hingegen notiert meist mit einem Abschlag auf den Nennwert, sodass der Käufer einen reduzierten Betrag für den Erwerb des Fremdkapitals zahlen müsste. Deshalb wird der Buchwert des Fremdkapitals verringert. Alle Finanzverbindlichkeiten (Anleihen, Bankkredite, vergleichbare zinstragende Verpflichtungen und Commercial Paper) sind als Fremdkapital zu verstehen. Die **Anteile Dritter bzw. der Marktwert von Minderheitsanteilen** am Eigenkapital wird ebenfalls im Rahmen der Berechnung des Enterprise Value genutzt. Die Anteile Dritter sind solche, die Anteile an konsolidierten Mehrheitsbeteiligungen darstellen, die nicht dem Unternehmen gehören. Die **liquiden Mittel** werden im Rahmen der Berechnung des Enterprise Values subtrahiert, da diese den Kaufpreis des Unternehmens mindern.

Nach der Übernahme eines Unternehmens ist es möglich, die liquiden Mittel direkt auszuschütten. Die **nicht operativen Vermögenswerte** werden im Rahmen der Berechnung des Enterprise Value ebenfalls subtrahiert, da ein Verkauf derselben möglich ist und nicht die Cash-Flows des Unternehmens beeinträchtigt. Für den Fall, dass keine Minderheitsanteile an dem Eigenkapital eines Unternehmens vorliegen, so ist es also möglich, den Enterprise Value mithilfe des Marktwerts des Eigenkapitals addiert mit dem Marktwert des Fremdkapitals minus der liquiden Mitteln zu berechnen.

Das nachfolgende Beispiel soll das Ganze verdeutlichen:

Das fiktive Unternehmen A hat die nachfolgende aufgeführte Bilanz:

Aktiva		Passiva	
Gebäude	50.000	Eigenkapital	150.000
Vorräte	25.000	Fremdkapital	0
Liquide Mittel	75.000		

*Angaben jeweils in Euro

Darstellung 41 - Die Berechnung des Enterprise Value (Beispiel)

Ein anderes Unternehmen ist am Kauf des Unternehmens A interessiert. Da die Buchwerte den Marktwerten entsprechen, beträgt das Kurs-Buchwert-Verhältnis 1. Würde das

Unternehmen A nun von dem anderen Unternehmen gekauft werden, so würde der Käufer 75.000 Euro an liquiden Mitteln miterwerben. Deshalb lassen sich die Nettofinanzschulden des Unternehmens von – 75.000 Euro direkt aus dem Unternehmen abziehen, ohne, dass dabei dem Geschäftsmodell geschadet wird. Der Enterprise Value beträgt also:

Enterprise Value = 150.000 Euro – 75.000 Euro = 75.000 Euro

Anhand des ebenfalls fiktiven Unternehmens B, soll nun verdeutlicht werden, dass hohe Finanzschulden die Bewertung erhöhen. Das Unternehmen B hat die folgende Bilanz:

Aktiva		Passiva	
Gebäude	50.000	Eigenkapital	25.000
Vorräte	25.000	Fremdkapital	50.000

*Angaben jeweils in Euro

Darstellung 42 - Die Berechnung des Enterprise Value (Beispiel 2)

Das Unternehmen B hat ein Kurs-Buchwert-Verhältnis von 2. Es lässt sich also ein Enterprise Value von 100.000 Euro berechnen (2 * 25.000 Euro + 50.000 Euro). Obwohl die Gewinne von Unternehmen A und B gleich hoch sind, wird das Unternehmen A günstiger bewertet, als das Unternehmen B. Letzteres liegt schlichtweg daran, dass die Finanzschulden die Bewertung erhöhen, weil die Investition unattraktiv wird.

Auf der anderen Seite verringern viele liquide Mittel, sprich ein hoher Cashbestand, die Bewertung, weil die Investition durch die Möglichkeit der direkten Ausschüttung der flüssigen Mittel attraktiver wird.

In extremen Fällen kann es dazu kommen, dass die liquiden Mittel den Marktwert von Eigen- und Fremdkapital übersteigen. Tritt dieser Fall ein, so ist der Enterprise Value negativ. Theoretisch wäre es also möglich, dass ein Käufer das komplette Unternehmen, sprich Eigen- und Fremdkapital, erwerben, sich die liquiden Mittel ausschütten lassen könnte und die operative Unternehmenstätigkeit zum Nulltarif fortsetzen könnte. Wissenswert ist an dieser Stelle, dass dies in der Praxis durchaus möglich ist und in unregelmäßigen Abständen passiert.

Vorteilhaft an dem Enterprise Value zur Bewertung von Unternehmen ist, dass dieser die Kapitalstruktur von Unternehmen in die Bewertung miteinbezieht. Wie das weiter oben aufgeführte Beispiel gezeigt hat, sorgen hohe Schulden dafür, dass sich die Bewertung verteuert und hohe Cashbestände dafür, dass die Bewertung günstiger ausfällt. Im Rahmen der Berechnung der Multiplikatoren des Enterprise Value werden die Kenngrößen EV/EBITDA, EV/EBIT, EV/Sales und EV/Free-Cash-Flow genutzt, die allesamt Entitymultiplikatoren darstellen. Wichtig ist, dass von Unternehmen zu Unternehmen stets zu schauen ist, welche Kennzahl die passendste für eine möglichst genaue Bewertung ist. Deshalb, wie bereits mehrfach erwähnt wurde, ist ebenfalls das Geschäftsmodell des jeweiligen, zu betrachtenden Unternehmens zu analysieren und in die Bewertung miteinzubeziehen.

6.2.2 Enterprise-Value/EBITDA

Das EV/EBITDA (Enterprise-Value/EBITDA) gibt approximativ das Verhältnis zwischen dem Gesamtwert des Unternehmens und den Mitteln, die den Kapitalgebern zugeflossen sind, an. Wie bereits angeführt wurde steht EBITDA für den Gewinn vor Zinsen, Steuern und Abschreibungen (Earnings before Interests, Taxes, Depreciation and Amortization). Das EBITDA entspricht zumindest näherungsweise dem Brutto-Cash-Flow, weil die nicht zahlungswirksamen Effekte korrigiert werden und somit stellt das EBITDA ein Maß für den Betrag, der den Kapitalgebern für Zinszahlungen und Investitionen zur Verfügung steht. Das EV/EBITDA ist besonders dafür geeignet, um Unternehmen zu vergleichen, die derselben Branche angehören. Ein Vergleich von Unternehmen, die nicht derselben Branche angehören, ist hingegen schwierig, denn es können sich enorme Unterschiede im Hinblick auf die Investitionen und somit auch hinsichtlich der Abschreibungen ergeben, die die Kennzahl verzerren. Außerdem weisen Unternehmen, die hohe Wachstumsraten oder eine hohe Kapitalintensität aufweisen, in der Regel relativ viel Abschreibungen auf, während Unternehmen, die umlaufintensiven Branchen zugeordnet werden, meist nur geringe Abschreibungen verbuchen. Letztere wirken sich direkt auf den Gewinn vor Zinsen, Steuern und Abschreibungen aus und dementsprechend auch auf die Bewertung.

Die Berechnung des EBITDA erfolgt im Rahmen des Gesamtkostenverfahrens mithilfe der Angaben der Gewinn- und Verlustrechnung. Der operative Gewinn des Unternehmens (EBIT) wird mit den Abschreibungen desselben addiert. Nach dem Umsatzkostenverfahren wird das EBITDA so berechnet, wie es das nachfolgende Beispiel veranschaulichend darstellt:

Zur Veranschaulichung der Berechnung des EBITDA nach dem Umsatzkostenverfahren, so, wie es in der Regel im angelsächsischen Raum praktiziert wird, wird ein Blick auf die fiktive Bilanz des Unternehmens A geworfen:

	2015
Revenue	175.150
Cost of Sales	(92.550)
Gross Profit	82.200
Other Income	345
Distribution Costs	(1.715)
Administrative Expenses	(35.760)
Other Expenses	(27)
Operating Profit	45.790
...	

*Angaben jeweils in Millionen USD

Darstellung 43 - EBITDA nach Umsatzkostenverfahren (Beispiel)

Das EBITDA kann hier nicht direkt aus der Gewinn- und Verlustrechnung entnommen werden, weil diese nach dem Umsatzkostenverfahren erstellt wurde. Deshalb wird von dem operativen Gewinn des Unternehmens ausgegangen und dieser um die Abschreibungen addiert. Letztere finden sich in der Cash-Flow-Rechnung des Unternehmens, die hier in diesem Fall 1.750 Millionen Dollar betragen.

EBITDA = operativer Gewinn (EBIT) + Abschreibungen

EBITDA = 45.790 Millionen Dollar + 1.750 Millionen Dollar = 47.540 Millionen Dollar

Im folgenden Schritt, um das EV/EBITDA zu berechnen, wird zunächst der Enterprise Value ermittelt. Unternehmen A hat zum Bilanzstichtag liquide Mittel in Höhe von 40,5 Millionen Dollar und gleichzeitig Finanzverbindlichkeiten in Höhe von 0,1 Millionen Dollar. Daraus lässt sich eine Net-Cash-Position von 40,4 Millionen Dollar berechnen (40,5 Millionen Dollar – 0,1 Millionen Dollar). Bei einer Marktkapitalisierung von etwa 750 Millionen Dollar ergibt sich der Enterprise Value von 709,6 Millionen Dollar (750 Millionen Dollar - 40,4 Millionen Dollar). Wenn jemand also das Unternehmen A erwerben möchte, so müsste dieser interessierte Käufer 750 Millionen Dollar zahlen, um das gesamte Eigenkapital des Unternehmens zu erwerben. Der Käufer könnte sich außerdem direkte die liquiden Mittel abzüglich der Finanzverbindlichkeiten, sprich 40,4 Millionen Dollar, ausschütten lassen.

Nachdem nun das EBITDA und der Enterprise Value berechnet wurden, kann auch das EV/EBITA ermittelt werden.

EV/EBITDA = 709,6 Millionen Dollar/47,54 Millionen Dollar = 14,9

Das Unternehmen A notiert zum Ende des Geschäftsjahres 2016 zu einem EV/EBITDA von 14,9. Die Bewertung ist als relativ hoch einzustufen. Nichtsdestotrotz kann die hohe Bewertung gerechtfertigt sein, was ein Blick auf die EBIT-Marge bestätigt. Diese wird, wie bereits zu Beginn des Buches erwähnt, berechnet, indem das EBITDA durch die Umsätze dividiert werden. Unternehmen A weist also eine EBITDA-Marge von 27,14 % auf.

Neben den Bewertungszwecken, dient das EBITDA den Gläubigern des Unternehmens dazu, den Betrag auszuweisen, der für die Zinszahlungen zur Verfügung steht. Soll ein Unternehmen bewertet werden, dass hoch verschuldet ist, so wird dazu das EV/EBITDA genutzt, weil die Verschuldungsthematik durch Zähler und Nenner berücksichtigt wird. Nicht zu vergessen ist an dieser Stelle, dass das EV/EBITDA den Nachteil hat, dass Steuern und erforderliche Investitionen nicht berücksichtigt werden.

6.2.3 Enterprise-Value/EBIT

Anders als bei dem EBITDA, das die Abschreibungen mit in die Berechnung miteinbezieht, weist das EBIT den Gewinn vor Steuern und Zinsen aus. Bei dem EV/EBIT (Enterprise-Value/EBIT) handelt es sich um einen wichtigen Bewertungsmultiplikator, der sich vor allem dazu eignet, um Unternehmen verschiedener Branchen miteinander zu vergleichen. Normalerweise wird da EBIT als operativen Gewinn bezeichnet. Ein EV/EBIT von 9 würde beispielsweise bedeuten, dass ein Käufer, der ein komplettes Unternehmen erwirbt und konstanten Gewinn erzielt, die Investition in 9 Jahren amortisiert hätte. Erwähnenswert ist hier auch, dass ein niedriger Wert des EV/EBIT in der Regel für eine günstige Bewertung des betrachteten Unternehmens spricht. Das EV/EBIT berechnet sich, indem der Enterprise Value durch das EBIT geteilt werden:

EV/EBIT

Anders als das KGV und die weiteren Equitymultiplikatoren, berücksichtigt der Entitymultiplikator EV/EBITDA auch die Kapitalstruktur des betrachteten Unternehmens, wodurch die finanzielle Stabilität direkten Einzug in die Bewertung findet. Dies soll nun an dem nachfolgenden Beispiel verdeutlicht werden:

Das Unternehmen A soll für 5.000 Euro verkauft werden und weist einen jährlichen Gewinn von 500 Euro auf. Ein anderes Unternehmen, das Unternehmen B, soll für 8.000 Euro verkauft werden und erwirtschaftet ebenfalls einen jährlichen Gewinn von 500 Euro. Würde im Rahmen der Bewertung der beiden Unternehmen lediglich ein Blick auf den Equitymultiplikator Kurs-Gewinn-Verhältnis geworfen werden, so ist es nicht möglich, zu bestimmen, welches Unternehmen günstiger ist. Das KGV von Unternehmen A beträgt 10 (5.000 Euro / 500 Euro) und das KGV von Unternehmen B 16 (8.000 Euro / 500 Euro). Um allerdings Aufschluss darüber zu erlangen, welches Unternehmen die günstigere Variante hinsichtlich eines Kaufes darstellt, muss zusätzlich ein Blick auf die Bilanzen der beiden geworfen werden. Hier sei davon ausgegangen, dass das Unternehmen A Nettoverbindlichkeiten in Höhe von 1.000 Euro und das Unternehmen B Nettoverbindlichkeiten von 2.500 Euro aufweist. Das bedeutet also, dass der Käufer von Unternehmen A zusätzlich zu dem Kaufpreis von 5.000 Euro die Nettoverbindlichkeiten von 1.000 Euro übernehmen müsste. Unternehmen B hat überhaupt keine Schulden bzw. Nettoverbindlichkeiten, jedoch stattdessen einen Kassenbestand bzw. liquide Mittel in Höhe von 3.500 Euro. Dadurch wird der Kaufpreis beeinflusst, da sich der Käufer nach der Übernahme des Unternehmens B die liquiden Mittel direkt ausschütten lassen kann. Durch diese Anpassungen des Kaufpreises durch Nettoverbindlichkeiten und / oder liquiden Mitteln ändert sich auch das Kurs-Gewinn-Verhältnis. Unternehmen A hat nach dieser Betrachtung und der Einbeziehung von liquiden Mitteln und Nettoverbindlichkeiten ein KGV von 12 und das Unternehmen B ein KGV von 9.

Zur Veranschaulichung wird nun eine **Beispiel**-Rechnung durchgeführt, die anhand eines fiktiven Unternehmens zeigt, wie das EV/EBIT bestimmt wird:

Es sei davon ausgegangen, dass das Unternehmen V in der Gewinn-und-Verlustrechnung des Geschäftsjahres 2015 / 2016 einen operativen Gewinn (EBIT) von 98 Millionen Euro ausweist. Der Aktienkurs des Unternehmens V beläuft sich aktuell auf 18,60 Euro und insgesamt sind 85.000.000 Aktien ausstehend. Die Nettofinanzverschuldung des Unternehmen V liegt bei 2,58 Milliarden Euro.

Zunächst wird der Marktwert des Eigenkapitals berechnet, indem der Aktienkurs mit der Anzahl der ausstehenden Aktien multipliziert wird. Daraus ergibt sich ein Marktwert des Eigenkapitals von 1,58 Milliarden Euro. Jetzt lässt sich auch der Enterprise Value berechnen, indem der Marktwert des Eigenkapitals mit den Nettofinanzschulden des Unternehmens addiert wird. Der Enterprise Value beträgt also 4,16 Milliarden Euro (1,58 Milliarden Euro + 2,58 Milliarden Euro). Nun wird das EV/EBIT berechnet:

4,16 Milliarden Euro/0,098 Milliarden Euro = 42,4

Das EV/EBIT des Unternehmens V beträgt 42,4 und ist als sehr teuer zu bewerten. Ein Käufer, der das Unternehmen V erwerben und konstante Gewinne erzielen würde, müsste über 42 Jahre darauf warten, dass sich die Investition amortisiert. Nichtsdestotrotz ist es auch hier ratsam, andere Bewertungskennzahlen in die Betrachtung miteinzubinden und gegebenenfalls Bereinigungen von verzerrenden Sondereffekten vorzunehmen.

6.2.4 Enterprise-Value/Sales

Bei dieser Kennzahl handelt es sich um eine solche, die den Unternehmenswert den Umsatzerlösen von einer Periode gegenüberstellt. Die Berechnung erfolgt folgendermaßen:

EV/Sales = EV/Sales

Das Ergebnis dieser Berechnung gibt an, was ein Käufer für den Erwerb der gesamten Erlöse des Unternehmens zahlen würde. Besonders geeignet ist der EV/Sales dazu, um Unternehmen im Zeitverlauf zu bewerten, da die Kennzahl nur geringen Schwankungen unterliegt. Niedrige Werte deuten auf eine ebenso niedrige Bewertung hin. Nichtsdestotrotz kann ein hoher EV/Sales gerechtfertigt sein, wenn überdurchschnittlich hohe Margen erzielt werden.

6.2.5 Enterprise-Value/Free-Cash-Flow

Im Rahmen der Unternehmensbewertung ist es außerdem sinnvoll, den Enterprise Value mit dem Free-Cash-Flow vor Zinsen ins Verhältnis zu setzen. Die Zinsen müssen deshalb berücksichtigt werden, da es sich um einen Entitymultiplikator handelt, der auch die Cash-Flows der Fremdkapitalgeber berücksichtigt, die schließlich die Zinsen darstellen. Anders als beim EV/EVITDA berücksichtigt das EV/FCF (Enterprise-Value/Free-Cash-Flow) auch erforderliche Investitionen und alle liquiditätswirksamen Erträge. Es wundert also nicht, dass der EV/FCF als vollständigste Enterprise Value Kennzahl betrachtet wird. Allerdings ist es auch diese, die einen besonders großen Bewertungsspielraum aufweist. Die Formel zur Berechnung des EV/FCF lautet wie folgt:

EV/FCF = Enterprise Value/Free-Cash-Flow vor Zinsen

Erwähnenswert ist an dieser Stelle außerdem, dass der Free-Cash-Flow vor Zinsen berechnet wird, indem der operative Cash-Flow mit den Fremdkapitalzinsen addiert und die Investitionen dann von dem Ergebnis subtrahiert werden.

Free-Cash-Flow vor Zinsen = Operativer Cash-Flow + Fremdkapitalzinsen – Investitionen

7. KAPITEL – DIE BEWERTUNG VON UNTERNEHMEN

BEI DER BEWERTUNG VON Unternehmen geht es vor allem darum, den fairen Wert des betrachteten Unternehmens zu bestimmen. Es gibt mehrere Methoden und verschiedene Ansätze, wie der faire Wert eines Unternehmens ermittelt werden kann. Diese führen allerdings meist zu unterschiedlichen Ergebnissen, weshalb bereits an dieser Stelle festzuhalten ist, dass der echte Wert eines Unternehmens nicht objektiv und exakt festgestellt werden kann. Der wahre Unternehmenswert stellt also in der Regel eine Art Kompromiss zwischen den verschiedenen Bewertungsverfahren dar. Den wahren Wert von Sachen zu ermitteln, kann auch im Alltag schwierig sein und ist meist mit einer subjektiven Komponente verbunden. Eine Eintrittskarte für die ausverkaufte Allianz Arena in München, in der Bayern München und Borussia Dortmund aufeinandertreffen werden, ist für einen eingefleischten Fan auf dem Schwarzmarkt viel Geld wert, während jemand, der sich nur für Handball interessiert, keinen Cent für die Eintrittskarte ausgeben würde.

So ist es auch bei vielen Vermögenswerten, deren Wert sich nicht immer nach dem Buchwert oder den zu erwartenden Zahlungen richtet, sondern teilweise irrationalen, sentimentalen Eigenschaften unterliegt. Wie bereits angemerkt, gibt es verschiedene Verfahren zur Bestimmung des wahren Unternehmenswertes. Außerdem liegt es stets im Auge des Betrachters bzw. Investors, wieviel ein Unternehmen aus dessen Perspektive wert ist. Beispielsweise ist es unwahrscheinlich, dass ein traditionsreiches Familienunternehmen dem Kauf durch einen Investor zustimmt, von dem bekannt ist, dass er nicht die Philosophie desselben vertritt. Auf der anderen Seite wird ein Private Equity Investor genau auf den Buchwert schauen und diesen als wahren Unternehmenswert betrachten. Wenn ein Unternehmen daran interessiert ist, mit einem anderen zu fusionieren und durch die Fusion erwartet wird, dass neue Märkte erschlossen werden, so ist wahrscheinlich ein deutlicher Aufschlag auf den Marktwert des zu erwerbenden Unternehmens zu zahlen.

Im Hinblick auf den Aktienmarkt ist allerdings eine Größe von besonderer Bedeutung, wenn es um die Bestimmung des wahren Unternehmenswertes geht. Dabei handelt es sich um die abgezinsten Cash-Flows der Zukunft. Das sogenannte Discounted-Cash-Flow-Modell, kurz DCF-Modell, geht auf den Ökonom John Williams zurück. Ziel ist es durch abgezinste Cash-Flows den inneren Wert eines Unternehmens zu ermitteln. Dabei handelt es sich um den einzigen objektiv ermittelten Unternehmenswert, der sich durch die zukünftigen Free-Cash-Flows des Unternehmens bestimmen lässt. Zu Erinnerung: die Free-Cash-Flows sind Zahlungsströme, die jährlich aus dem Unternehmen entnommen werden können, ohne dieses in seiner Geschäftstätigkeit zu beeinflussen. Im Rahmen der Berechnung ist es wichtig, dass der Zeitwert des Geldes sowie auch das Risiko des Unternehmens genau betrachtet werden. Deshalb wird so vorgegangen, dass die zu erwartenden Cash-Flows mithilfe eines risikoadjustierten Zinssatzes abgezinst werden. Das Ergebnis ist der sogenannte Barwert der Cash-Flows (auch: Present Value). Die Summe der Barwerte der Cash-Flows ergeben den inneren Wert des Unternehmens. Es lässt sich also feststellen, dass der innere Wert des Unternehmens an den zu erwartenden Cash-Flows bzw. Zahlungsströmen der Zukunft und an der kompletten

Lebensdauer das Unternehmens festgemacht wird. Die Cash-Flows stehen also im Mittelpunkt der Analyse bzw. Bewertung von ertragswertorientierten Unternehmen.

Das nachfolgende, stark vereinfachte Beispiel einer fiktiven Goldmine, soll die Bewertung, die auf den zukünftigen Cash-Flows basiert, näher erläutern.

Eine Goldmine in Kolumbien wird über drei Jahre jährlich 100.000 Euro an Gold fördern. Die Anfangsinvestition, die für Lizenzen, Maschinen, etc. getätigt werden muss, beträgt 100.000 Euro. Zu erwähnen ist hier auch, dass die Einnahmen garantiert sind, da Verträge mit den Abnehmern geschlossen wurden. Weitere Kosten fallen nicht an. Der risikofreie Zinssatz liegt aktuell bei 5 % jährlich. Außerdem gilt die Goldmine als extrem sicher, weshalb Einstürze überaus unwahrscheinlich sind. Die Einnahmen aus der Goldmine sind also zumindest über die kommenden drei Jahre risikofrei. Nach den drei Jahren des Goldabbaus, ist es geplant, die Goldmine stillzulegen.

Aus den Zahlungsströmen, so wie diese weiter oben beschrieben wurden, lässt sich folgende Tabelle anlegen.

Jahr 0	Jahr 1	Jahr 2	Jahr 3
- 100.000	+ 100.000	+ 100.000	+ 100.000

*Angaben jeweils in Euro

Darstellung 44 - Das Discounted-Cash-Flow-Modell (Beispiel)

Aus der Tabelle ist ersichtlich, dass zunächst eine Anfangsinvestition in Höhe von 100.000 Euro getätigt werden muss, damit die Goldmine ihren Betrieb aufnehmen kann. Dann, in den folgenden 3 Jahren werden jeweils Cash-Flows in Höhe von 100.000 Euro erzielt, bevor die Mine in Jahr 4 stillgelegt wird.

Zunächst wird der Barwert der Goldmine berechnet, indem die Aus- und Einzahlungen abgezinst werden. Wichtig ist, dass klar ist, dass die Zahlungen, die weiter in der Zukunft liegen, am heutigen Tage weniger wert sind. Weiter oben wurde bereits erwähnt, dass die Cash-Flows als gesichert angesehen werden und aus diesem Grund wird der risikofreie Zins von 5 % als Diskontierungsrate genutzt.

Die Berechnung sieht so aus:

$$\text{Discounted-Cash-Flow Goldmine} = -100.000 \text{ Euro} + (100.000 \text{ Euro}/1{,}05) + (100.000 \text{ Euro}/1{,}05^2) + (100.000 \text{ Euro}/1{,}05^3) = 172.324{,}8 \text{ Euro}$$

Das Ergebnis von 172.324,8 Euro gibt die Summe der abgezinsten Ein- und Auszahlungen bzw. Cash-Flows der Goldmine und somit den inneren Wert dieses Vorhabens an.

Wie bereits erwähnt wurde, handelt es sich bei dem Beispiel um eine Vereinfachung, die bereits alle Elemente, die zur Ermittlung des inneren Werts erforderlich sind, beinhaltet. Die zu erwarteten, zukünftigen Cash-Flows sowie auch der Diskontrate stehen beide fest. In der Praxis und somit hinsichtlich realer Unternehmen, gestaltet sich die Ermittlung der zukünftigen Cash-Flows dagegen deutlich schwieriger. Auch die Diskontrate ist schwieriger zu ermitteln, weil es oft nur schwer möglich ist, das Risiko zutreffend abzuschätzen.

Da die Discounted-Cash-Flow-Methode die klare Schwachstelle von deutlichen Schwankungen aufweist, die bereits durch geringfügige Änderungen an der Diskontrate hervorgerufen werden, werden im Rahmen dieses Kapitels nun weitere Bewertungsverfahren vorgestellt. An dieser Stelle soll wiederholt und erneut betont werden, dass der innere Wert eines Unternehmens nie absolut ist, sondern lediglich eine Näherung darstellt. Es existieren allerdings einige Bewertungsverfahren, die dabei helfen, den inneren Wert weiter einzugrenzen. Neben den Ertragswertverfahren, zu denen das Equity-, das Entity- und das APV-Verfahren gezählt werden, gibt es das Marktwertverfahren. Dazu gehören das faire Kurs-Gewinn-Verhältnis, das faire Kurs-Buchwert-Verhältnis, das faire Kurs-Umsatz-Verhältnis sowie das faire Enterprise Value/EBIT-Verhältnis. Außerdem existieren die Substanzwertverfahren. Doch mehr zu diesen und den Ertrags- sowie Marktwertverfahren in den folgenden Unterkapiteln.

7.1 Das DCF-Modell und dazugehörige Verfahren zur Unternehmensbewertung

Das Discounted-Cash-Flow-Modell diskontiert die zukünftigen Cash-Flows bzw. Zahlungsströme und bestimmt auf diese Weise den aktuellen Wert des betrachteten Unternehmens. Weiter oben wurde bereits die Problematik dieses Modells angesprochen, da die Cash-Flows und auch die Diskontrate einen entscheidenden Einfluss auf den Unternehmenswert haben. Aus diesem Grund ist es in der Tat sinnvoll, andere Wege für die Bestimmung der Diskontfaktoren zu suchen. Je nach der Methode, die dabei angewandt wird, ergibt sich entweder der faire Wert des Gesamtunternehmens (sprich von Eigen- und Fremdkapital) oder der faire Wert des Eigenkapitals. Letzterer ist vor allem für Investitionen, die am Aktienmarkt getätigt werden, interessant.

Im Rahmen der Unternehmensbewertung nach dem DCF-Modell werden die Cash-Flows, die das Unternehmen voraussichtlich in den nächsten fünf bis zehn Jahren prognostiziert. In den Jahren nach diesem Zeitraum von fünf bis zehn Jahren, werden die Cash-Flows in eine ewige Rente, dem sogenannten Terminal Value, verwandelt. Der innere Wert des betrachteten Unternehmens setzt sich dementsprechend aus den Bartwerten der abgezinsten Cash-Flows sowie dem Terminal Value zusammen. Außerdem werden alle Vermögenswerte, die nicht betriebsnotwendig sind, zu dem Unternehmenswert addiert. Das liegt schlichtweg daran, dass diese sofort veräußert werden könnten, ohne, dass die Cash-Flows davon beeinflusst werden. Wie bereits weiter oben aufgeführt wurde, unterteilen sich die Discounted-Cash-Flow-Modelle in Equity-, Entity- und APV-Verfahren, wobei APV für „Adjusted-Present-Value" steht, was auf Deutsch so viel wie „angepasster Barwert" bedeutet. Unterschiede der Verfahren bestehen in der Art der zu verwendenden Cash-Flows. Das Ergebnis sollte zumindest theoretisch bei allen drei Verfahren gleich sein. Zu Beginn des siebten Kapitels wurde die Struktur bzw. das Schema der Diskontierung der Cash-Flows bereits im Rahmen des Goldminen-Beispiels gezeigt, soll hier jedoch erneut in rein schematischer Form aufgeführt werden:

$$\text{Wert des Unternehmens} = \frac{\text{Cash-Flow}_{t=1}}{(1+r)} + \frac{\text{Cash-Flow}_{t=2}}{(1+r^2)} + \cdots + \frac{\text{Cash-Flow}_{t=n}}{(1+r^t)}$$

Das kleine t steht für die jeweilige Zeitperiode und r gibt den Diskontfaktor, sprich den risikoadjustierten Zinssatz, an. In den nachfolgenden Unterkapiteln werden nun alle drei Verfahren (Equity-, Entity- und APV-Verfahren) detailliert unter die Lupe genommen und auf Unterschiede und Gemeinsamkeiten hin untersucht. An dieser Stelle soll allerdings bereits hervorgehoben werden, dass die Ergebnisse aus der Berechnung nach dem APV- sowie dem Entity-Verfahren, als

Unternehmenswert bezeichnet werden, der sich aus dem Wert des Eigen- und dem Wert des Fremdkapitals zusammensetzt. Durch einfaches Umstellen der Formel lässt sich der Wert des Eigenkapitals errechnen, indem der Wert des Fremdkapitals von dem Unternehmenswert subtrahiert wird. Logischerweise müssen jegliche Zahlungsströme der Kapitalgeber, sprich der Eigen- und Fremdkapitalgeber berücksichtigt werden. Deshalb werden auch die Fremdkapitalzinsen, die nichts anderes als die Zahlungsströme der Fremdkapitalgeber darstellen, dem Cash-Flow hinzugerechnet. Doch mehr zu den einzelnen Verfahren und den jeweiligen Besonderheiten, die sich beispielsweise hinsichtlich attraktiver Steuerersparnisse bemerkbar machen, in den folgenden Absätzen.

Das Equity-Verfahren – Bestimmung von Free-Cash-Flow, Diskontfaktor und ewiger Rente

Im Rahmen des Equity-Verfahrens werden alle Zahlungsströme der Eigenkapitalgeber berücksichtigt und mit den unternehmensspezifischen Eigenkapitalkosten diskontiert. Um den Wert des Eigenkapitals nach dem Equity-Verfahren zu bestimmen, werden neben dem Cash-Flow (hier der Free-Cash-Flow) auch die Abzinsungsrate sowie eine ewige Rente bzw. ein ewiges Wachstum benötigt. Im Rahmen der Unternehmensbewertung im Sinne des DCF-Modells, ist es erforderlich zunächst die Bestandteile des Free-Cash-Flows für die kommenden fünf bis zehn Jahre zu schätzen. Die ersten zwei Jahre werden mithilfe der Gewinn- und Verlustrechnung geschätzt. Für die folgenden Jahre sollten die Entwicklung des Umsatzes, die EBIT-Marge sowie die Steuerquote zumindest grob prognostiziert werden, um daraus den Jahresüberschuss zu erhalten. Durch Anpassungen hinsichtlich Investitionen, Abschreibungen und Working Capital erhält man das Ergebnis, sprich den Free-Cash-Flow.

Im ersten Schritt geht es also daran, den Free-Cash-Flow zu bestimmen. Dies gelingt, indem die Cash-Flows, die ausschließlich den Eigenkapitalgebern zustehen, wie folgt berechnet werden:

	Jahresüberschuss
+	Abschreibungen
+/-	Δ Rückstellungen
-	Investitionen
-	Δ Working Capital
	Free-Cash-Flow

Darstellung 45 - Schema Bestimmung Free-Cash-Flow (Equity-Verfahren)

In der Darstellung ist zu erkennen, dass der Jahresüberschuss von den Abschreibungen und den Rückstellungen, sprich von den nicht liquiditätswirksamen Aufwendungen, bereinigt wird. Die Investitionen, die erwartet werden, werden subtrahiert, weil diese schließlich eine Auszahlung darstellen. Hilfreich, um die Sachinvestitionen der Zukunft möglichst genau prognostizieren und einschätzen zu können, ist es, einen Blick auf die Sachinvestitionen der vergangenen Jahre zu werfen, um eine Orientierung zu erhalten. Nichtsdestotrotz ist auch zu überprüfen, ob sich das betrachtete Unternehmen gerade in einer Expansionsphase befindet und somit zu erwarten ist, dass die (Sach-) Investitionen zunehmen. Wird hingegen erwartet, dass das Wachstum des Unternehmens in den kommenden Jahren abnehmen wird, so kann davon ausgegangen werden, dass auch die Sachinvestitionen weniger werden. Des Weiteren lohnt es sich, die Sachinvestitionen gemeinsam mit den Umsatzerlösen zu betrachten und diese in ein Verhältnis zueinander zu setzen. Im Hinblick auf die Prognose von Sachinvestitionen und Abschreibungen sei an dieser Stelle angemerkt, dass diese im Laufe der Zeit konvergieren müssen, da, wenn dies nicht der Fall wäre, mehr investiert als abgeschrieben werden würden. Nachdem nun der Jahresüberschuss um die Abschreibungen und die Rückstellungen bereinigt und die Investitionen subtrahiert wurden, folgt die Korrektur um das Working Capital. Die Prognose für die Entwicklung des Working Capitals sollte anhand des Anteils des Working Capitals an dem Umsatz der letzten Jahre durchgeführt und auf die folgenden Jahre hochgerechnet werden. Dies soll an dem nachfolgenden Beispiel erläutert werden:

Die Darstellung zeigt die Entwicklung des Umsatzes eines fiktiven Unternehmens sowie die des Working Capitals. Ausgangspunkt ist der Umsatz sowie das Working Capital des Jahres 2013. Für die Folgejahre, sprich ab 2014, wurde der Umsatz prognostiziert. So lassen sich auch die Veränderungen des Working Capitals, gemessen an der Umsatzentwicklung, prognostizieren.

	2013	2014	2015	2016	2017
Umsatz	100.000	110.000	128.000	135.000	150.000
Working Capital	13.000	14.300	16.640	17.550	19.500
Δ Working Capital	---	1.300	2.340	910	1.950

*Angaben jeweils in Euro

Darstellung 46 - Schätzung des zukünftigen Working Capitals in Abhängigkeit vom Umsatz (Equity-Verfahren)

Der Umsatz des fiktiven Unternehmens betrug im Jahr 2013 100.000 Euro, bei einem Working Capital von 13.000 Euro. Das Working Capital macht im Jahr 2013 dementsprechend 13 % des Umsatzes aus (13.000 Euro / 100.000 Euro). Der Umsatz für das Jahr 2014 wird in Höhe von 110.000 Euro erwartet. Durch Multiplikation dieser 110.000 Euro mit dem Anteil des Working Capitals am Umsatz (im Jahr 2013), sprich mit 13 %, so erhält man das Working Capital des Jahres 2014. Die Schwankungen bzw. Veränderungen des Working Capitals wurden in der Tabelle jeweils in der untertesten Zeile notiert. Da sich das Working Capital aus der Summe von Vorräten und Forderungen aus Lieferungen und Leistungen abzüglich der Verbindlichkeiten aus Lieferungen und Leistungen berechnet, lässt sich in diesem Beispiel feststellen, dass es in den Jahren von 2013 bis 2017 einen Mittelabfluss in das Working Capital zwischen 910 Euro und 2.340 Euro geben wird. Würde sich der Fall ergeben, dass der Umsatz abnimmt, so würden dem betroffenen Unternehmen Mittel aus dem Working Capital zufließen, weil es zu einem Abbau eines Teils der Forderungen und Vorräte kommen würde.

Die Free-Cash-Flows der einzelnen Jahre lassen sich nun berechnen, wie in der Darstellung 45 aufgezeigt wurde. Statt Free-Cash-Flow kann auch das Wort Owners Eearnings verwendet werden, da diese alleine dem oder den Besitzern des Unternehmens gehören und diesem zur freien Verwendung zustehen. Der Free-Cash-Flow bzw. die Owners Earnings weisen den Betrag aus, den der Besitzer pro Jahr aus dem Unternehmen entwenden kann, ohne, dass dem Unternehmen dann Mittel fehlen würden, die für den Betrieb desselben erforderlich sind. In anderen Worten formuliert, wird die unternehmerische Tätigkeit nicht von der Entnahme der Owners Earnings bzw. Free-Cash-Flows beeinträchtigt.

Der **Diskontfaktor** richtet sich nach dem Risiko, das eine Investition in das Unternehmen mit sich bringt. Je höher das Risiko der Anlage, desto höher ist auch der Diskontfaktor. Sinn und Zweck bzw. Gedanke dahinter ist, dass Anleger, die ein Risiko eingehen, dafür eine Prämie erhalten, die sich in Form von höheren Renditen bemerkbar macht. Außerdem ist der zukünftige Wert der Cash-Flows geringer, je höher der Diskontfaktor ist. Somit beinhaltet der Diskontfaktor den Zeitwert des Geldes (Geld das heute verfügbar ist, ist mehr wert, als solches, dass erst morgen genutzt werden kann) und das Risiko des betrachteten Unternehmens. Dies lässt sich an dem Goldminen-Beispiel, das weiter oben behandelt wurde, besser erläutern:

Es sei davon ausgegangen, dass die Goldmine nun nicht mehr als sicher, sondern als riskant eingeschätzt wird, weil nach einer erneuten, umfangreichen Überprüfung einige Teile derselben als einsturzgefährdet eingestuft worden sind. Der Diskontfaktor beträgt nun nicht mehr 5 %, sondern 10 %, da die Investoren durch das erhöhte Risiko kompensiert werden müssen und somit die Kapitalkosten für das Projekt ansteigen. Der neue Discounted-Cash-Flow der Goldmine würde also folgendermaßen ausschauen:

Discounted-Cash-Flow Goldmine = -100.000 Euro+(100.000 Euro/1,10)+(100.000 Euro/$1{,}10^2$) +(100.000 Euro/$1{,}10^3$) = 148.685 Euro

Es ist direkt ersichtlich, dass der Wert der Goldmine durch die höhere Diskontrate abgenommen hat. Zuvor, als die Mine noch als sicher galt und demnach der risikofreie Zinssatz von 5 % als Diskontrate genutzt wurde, war diese 172.324,8 Euro wert. Nun, nach der erneuten Überprüfung der Mine, bei der ein erhöhtes Risiko festgestellt wurde und die Diskontrate somit auf 10 % angestiegen ist, ist diese weniger Wert, nämlich 148.685 Euro.

An dieser Stelle ist die Frage berechtigt, wie das Risiko definiert und wie dieses anschließend überhaupt gemessen werden kann. Das sogenannte Capital Asset Pricing Modell, kurz CAPM, dient der Bestimmung des Diskontfaktors und bedient sich dabei den Schwankungen der Aktie des betrachteten Unternehmens relativ zum Markt. Kommt es beispielsweise dazu, dass der Markt um 2 % einbricht, die Aktie des betrachteten Unternehmens jedoch nur um 1 % sinkt, so wird das Unternehmen bzw. die Aktie desselben als risikoarm angesehen. Fällt die Aktie jedoch mehr als der Markt, zum Beispiel um 2,5 %, so bescheinigt das Capital Asset Pricing Modell, dass die Aktie als vergleichsweise riskant einzustufen ist. Daraus geht hervor, dass eine Aktie umso riskanter ist, wenn diese relativ stark zum Gesamtmarkt schwankt. Doch das Capital Asset Pricing Modell hat einige Schwachstellen. Es ist nicht zweifelsfrei bewiesen, ob die Schwankungen einer Aktie im Vergleich zum Markt einen Schluss auf das Risiko dieser Aktie geben. Des Weiteren kann diese Kennzahl, die als Beta bezeichnet wird und quasi nichts anderes als ein Gradmesser ist, der die Schwankungen von Aktie zum Markt angibt, je nach dem betrachteten Zeitraum und der Liquidität der Aktie stark abweichen. Auch die Annahme des Modells einer Normalverteilung der Renditen ist hinfällig, da dies in der Praxis schlichtweg nicht vorkommt. Das Modell basiert auf einer Annahme der vollständig effizienten Märkte, die es so, auch aufgrund von Regulierungen, in der Praxis nicht gibt. Aus diesem Grund soll hier auf die weitere Betrachtung des Capital Asset Pricing Modells verzichtet werden und stattdessen ein Blick auf eine Alternative geworfen werden. Im Rahmen dieser Alternative werden die Eigenkapitalkosten basierend auf einer Methode qualitativer Natur berechnet, indem ein risikofreier Zinssatz und ein adäquater Risikoaufschlag berechnet werden. So werden keine Annahmen getroffen, die in der Praxis nicht vorzufinden und somit unrealistisch sind. Die Eigenkapitalkosten werden also wie folgt berechnet:

$$\text{Eigenkapitalkosten} = \text{risikofreier Zins} + \text{Risikoaufschlag}$$

In der Praxis ist es allerdings so, dass kein Wertpapier als komplett risikofrei bezeichnet werden kann. Aus diesem Grund ist es hier sinnvoll, die Rendite von AAA Staatsanleihen über zehn Jahre zu verwenden, weil diese meist eine gute Annäherung darstellen. Der Risikoaufschlag ist logischerweise von dem jeweiligen Risiko des zu bewertenden Unternehmens anzusetzen. Dafür, sprich für die Quantifizierung des Risikoaufschlags, wird das faire Kurs-Gewinn-Verhältnis genutzt. Je höher das faire Kurs-Gewinn-Verhältnis ist, desto stabiler ist auch das Geschäftsmodell des betrachteten Unternehmens einzuschätzen. Außerdem gibt das faire Kurs-Gewinn-Verhältnis Aufschluss auf den Verschuldungsgrad eines Unternehmens (je höher faires KGV, desto geringer die Verschuldung des Unternehmens) sowie auf die Ausprägung der Marktstellung desselben. Daraus geht also hervor, dass ein hohes faires Kurs-Gewinn-Verhältnis als klares

Zeichen für ein stabiles Unternehmen mit geringem Risiko anzusehen ist. Nichtsdestotrotz ist es auch möglich, dass ein hohes KGV, welches am Markt beobachtet wurde, lediglich die Folge einer Überwertung ist. Die Formel zur Berechnung des Risikoaufschlags lautet:

Risikoaufschlag=1/Faires Kurs-Gewinn-Verhältnis

Wird beispielsweise ein faires Kurs-Gewinn-Verhältnis von 15 in oben aufgeführte Formel eingesetzt, so beträgt der Risikoaufschlag, der sich daraus berechnet, 6,6 %. (1/15).

Die ewige Rente wird für die Geschäftsjahre geschätzt, die auf die Periode, in der die Free-Cash-Flows bzw. Owners Earnings verlässlich bestimmt werden können, folgen. Es handelt sich dabei um eine ewige Wachstumsrate, bei der die Marktstellung des Unternehmens sowie die Inflationserwartungen eine wichtige Rolle spielen. Dabei kommt es darauf an, ob das Unternehmen in der Lage ist, die Preise für die Produkte und / oder Dienstleistungen an die erwartete Inflation anzupassen. Ist dies der Fall, so wird im Rahmen der Berechnung der ewigen Rente eine ewige Wachstumsrate in Inflationshöhe genutzt. Für andere Unternehmen, die nicht in der Lage sind, ihre Preise flexibel an die Inflation anzupassen und sich somit in einem kompetitiven Markt befinden, werden niedrigere Wachstumsrate angenommen, in der Regel zwischen 0 % und 4 %. Die Wachstumsrate sollte konservativ sein, denn die Cash-Flows machen ab dem Jahr der ewigen Rente eine hohen Teil an dem Unternehmenswert aus. Ebenfalls besteht die Möglichkeit, die ewige Wachstumsrate mithilfe des langfristig prognostizierten Marktwachstums ermittelt werden.

An dieser Stelle soll das Equity-Verfahren anhand eines fiktiven Beispiels näher erläutert werden:

Ein fiktives Unternehmen weist die folgenden Daten auf:

EBIT	220.000
Zinsaufwand	20.000
Steueraufwand	60.000
Jahresüberschuss	140.000
Abschreibungen	40.000
Δ Working Capital	10.000
Investitionsausgaben	40.000
Eigenkapitalkosten	12 %
Fremdkapitalkosten	5 %
Finanzverbindlichkeiten	400.000

*Angaben jeweils in Euro

Darstellung 47 - Rechenbeispiel Equity-Verfahren

Des Weiteren ist bekannt, dass das Unternehmen in den kommenden Jahren kein Wachstum verzeichnen wird und die Zahlen der Tabelle sich dementsprechend nicht ändern, sondern gleichbleiben. Im ersten Schritt wird nun der Free-Cash-Flow bzw. die Owners Earnings berechnet, indem der

Jahresüberschuss mit den Abschreibungen addiert und das Ergebnis daraus um die Veränderungen des Working Capitals sowie um die Investitionsausgaben subtrahiert wird.

Free-Cash-Flow (Owners Earnings) = 140.000 Euro + 40.000 Euro – 10.000 Euro – 40.000 Euro = 130.000 Euro

Wie bereits weiter oben erwähnt, ist in den folgenden Jahren mit keinerlei Wachstum des Unternehmens zu rechnen, weshalb der Wert des Eigenkapitals erhalten wird, indem die Cash-Flows diskontiert werden.

$$\text{Wert des Eigenkapitals} = (130.000\ \text{Euro}/1{,}12)+(130.000\ \text{Euro}/1{,}12^2)+\ldots+(130.000\ \text{Euro}/1{,}10^n)$$

Da es sich in diesem **Beispiel** um eine konstante Cash-Flow-Reihe handelt, kann der faire Wert des Eigenkapitals auch berechnet werden, in dem der Free-Cash-Flow durch die Eigenkapitalkosten dividiert werden:

Wert des Eigenkapitals = 130.000 Euro/0,12 = 1.083.333 Euro

Der faire Wert des Eigenkapitals des fiktiven Unternehmens beträgt 1.083.333 Euro. Würde dieser Wert nun durch die gesamte Anzahl der Aktien des Unternehmens geteilt werden, so würde sich als Ergebnis der faire Wert pro Aktie ergeben.

Abschließend lässt sich feststellen, dass im Rahmen des Equity-Verfahrens und der DCF-Methode zunächst die Free-Cash-Flows bzw. Owners Earnings für die kommenden fünf bis zehn Jahre geschätzt werden. Es folgt die Berechnung der Eigenkapitalkosten sowie die Bestimmung einer ewigen Rente, die im Hinblick auf die Wachstumsaussichten des

Unternehmens angemessen sein sollte. Diese sind – und das sollte aus dem vorangegangenen Teil dieses Buches klar geworden sein – die großen Schritte, die jeweils aus mehreren kleinen Schritten bestehen. Sinnvoll ist es immer, die Bewertung durch die genaue Analyse von weiteren Kennzahlen auszuweiten, um einen genaueren Einblick auf bzw. in das Unternehmen zu erhalten und dieses somit genauer und realistischer zu bewerten.

Das Entity-Verfahren – Bestimmung von Free-Cash-Flow und Diskontfaktor

Im Rahmen dieses Abschnittes wird nun das Entity-Verfahren vorgestellt und gezeigt, wie der Free-Cash-Flow sowie der Diskontfaktor bestimmt werden. Anders als bei dem Equity-Verfahren wird bei dem Entity-Verfahren nicht nur der Wert des Eigenkapitals, sondern der Wert des gesamten Unternehmens betrachtet, der sich aus Eigen- und Fremdkapital zusammensetzt. Wichtig ist dabei, dass stets das verzinsliche Fremdkapital verwendet wird. Dieses Verfahren des Discounted-Cash-Flow-Modells wird vor allem für die Bewertung von Unternehmen bzw. für die Bestimmung des Werts desselben auf internationaler Eben angewandt. Die Diskontrate, die für die Berechnung des Unternehmenswerts genutzt wird, muss aus den jeweiligen Eigen- und Fremdkapitalkosten des Unternehmens abgezinst werden.

Das Schema zur Berechnung der Cash-Flows, die allen Kapitalgebern, sprich von Eigen- und Fremdkapital, sieht folgendermaßen aus:

	EBIT
-	auf EBIT angepasste Steuern
+	Abschreibungen
+/-	Δ Rückstellungen
-	Investitionen
-	Δ Working Capital
	Free-Cash-Flow vor Zinsen

Darstellung 48 - Entity Verfahren - Berechnung des Free-Cash-Flow vor Zinsen

Statt der Verwendung des Jahresüberschusses, so wie es bei dem Equity-Verfahren der Fall ist, wird im Rahmen des Entity-Verfahrens von dem EBIT, sprich dem Ergebnis vor Steuern und Zinsen an. Da dieses Verfahren im ersten Schritt von einer vollständigen Eigenkapitalfinanzierung des Unternehmens ausgeht, wird eine fiktive Steuerlast (auf EBIT angepasste Steuern) von dem EBIT subtrahiert. Berechnet wird diese auf das EBIT angepasste Steuerlast, indem das EBIT mit der Steuerquote multipliziert wird. Zu erwähne ist an dieser Stelle auch, dass das EBIT nach Steuern berechnet werden kann, indem das EBIT mit 1- Steuerquote multipliziert wird (Nachsteuer-EBIT = EBIT * (1 – Steuerquote). Es ist wichtig, dass der Fehler vermieden wird, die Steueraufwendungen, die im Rahmen der Gewinn-und-Verlustrechnung ausgewiesen werden, für die Berechnung des Free-Cash-Flows vor Zinsen zu verwenden. Letzteres ist darauf zurückzuführen, dass die in der GuV ausgewiesenen Steueraufwendungen bereits um die Abzugsfähigkeit des Fremdkapitals reduziert wurde. Alle weiteren Anpassungen sind genauso, wie auch bei dem Equity-Verfahren.

Soll nun der Diskontfaktor bestimmt werden, so ist es wichtig, dass die Kosten von allen Kapitalgebern berücksichtigt werden, schließlich berücksichtigt das Entity-Verfahren die Cash-Flows aller Kapitalgeber. Da Fremdkapital stets Vorrang gegenüber Eigenkapital eingeräumt wird, wird diesem ein geringeres Risiko bescheinigt. Das liegt auch daran, dass sich die Fremdkapitalkosten im Gegensatz zu den Eigenkapitalkosten exakt ermitteln lassen. Zinsen, die für Fremdkapital gezahlt werden müssen, können also ohne Umwege als Fremdkapitalkosten angesetzt werden. Im Entity-Verfahren erfolgt eine Aufteilung der unterschiedlichen Kapitalkosten in Übereinstimmung mit der Kapitalstruktur und wird nach den Marktwerten aufgeteilt. Wichtig ist hier der Begriff WACC (weighted average cost of capital), auf Deutsch „gewichtete Kapitalkosten“. Die gewichteten Kapitalkosten von den Unternehmen, die eine hohe Eigenkapitalquote aufweisen, werden logischerweise hauptsächlich von den Eigenkapitalkosten bestimmt. Die gewichteten Kapitalkosten von Unternehmen, die über viel Fremdkapital verfügen, hängen also stark von den Fremdkapitalkosten ab. Die Formel zu Berechnung der Gesamtkapitalkosten lautet wie folgt:

$$\text{Gesamtkapitalkosten} = r_{EK} * EK/(EK+FK) + r_{FK} * FK/(EK+FK) * (1 - s)$$

Die Gesamtkapitalkosten werden, so wie in der Formel ersichtlich, aus der Verrechnung von Eigen- und Fremdkapitalkosten mit der relativen Gewichtung der Kapitalstruktur berechnet. Hinsichtlich der Formel ist es wichtig, zu wissen, dass rEK für die Eigenkapitalkosten steht. rFK ist Platzhalter für die Fremdkapitalkosten und EK sowie FK stehen logischerweise für Eigen- bzw. für Fremdkapital. Das s repräsentiert die Steuerquote. Es findet eine Verrechnung der Fremdkapitalkosten mit der Steuerquote (s) statt, weil nur ein sehr kleiner Teil der Fremdkapitalzinsen versteuert werden muss.

Die Formel für die Berechnung der Nachsteuer-Kosten des Fremdkapitals von Unternehmen sieht folgendermaßen aus:

Nachsteuer-Kosten des Fremdkapitals = RFK * (1 – s)

Es wurde bereits erwähnt, dass das Fremdkapital gegenüber dem Eigenkapital Vorrang hat, weshalb die Fremdkapitalkosten auch geringer als die Eigenkapitalkosten ausfallen. Nichtsdestotrotz ist der Gedanke falsch, so viel Fremdkapital wie nur möglich aufzunehmen, um dafür zu sorgen, dass die Gesamtkapitalkosten minimiert werden. Langfristig führt eine Erhöhung der Fremdkapitalquote dazu, dass dies auf Kosten der finanziellen Stabilität des Unternehmens geht, wodurch die Eigenkapitalkosten ansteigen. Des Weiteren ist sicher, dass sich die neuen Fremdkapitalgeber höhere Zinsen verlangen, was sich negativ auf die Gesamtkapitalkosten auswirkt, da diese ansteigen. Natürlich ist auch die Gefahr einer Insolvenz bei einer zu hohen Aufnahme von Fremdkapital nicht von der Hand zu weisen. An dieser Stelle ist die Frage angebracht, in welchem Verhältnis das Eigen- und das Fremdkapital eines Unternehmens zueinander stehen sollten.

Es gibt Theorien, die besagen, dass die Zusammensetzung der Kapitalstruktur völlig irrelevant ist, doch es wird schnell klar, dass es sich dabei um solche Theorien handeln, die auf unrealistischen, stark vereinfachten Annahmen beruhen. Deshalb soll hier festgestellt werden, dass der korrekte Grad der Verschuldung eines Unternehmens stets im Einklang mit dem jeweiligen Geschäftsmodell desselben steht. Es gibt allerdings auch solche Unternehmen, die ganz und gar auf eine Fremdfinanzierung verzichten sollten, um finanziell betrachtet stabil zu wirtschaften. Dies hängt schlussendlich von dem jeweiligen Geschäftsmodell ab. Es sind insgesamt drei Einflussfaktoren, die den Anteil des Fremdkapitals am Gesamtkapital bestimmen. Die Cash-Flow-Stabilität ist einer dieser Faktoren. Diese lässt sich im Rahmen der Kennzahlenanalyse sowie anhand der Geschäftsmodellanalyse feststellen. Wenn keine ausreichenden Cash-Flows vorhanden sind, so ist der Fortbestand des Unternehmens gefährdet. Außerdem nutzen die operativen Cash-Flows nur dann etwas, wenn diese auch zur Tilgung von Schulden verwendet werden können und somit Free-Cash-Flows darstellen. Aus diesem Grund ist es sinnvoll, die Höhe desselben, sprich des Free-Cash-Flow mithilfe der Sachinvestitionsquote zu bestimmen, die, wie bereits erwähnt wurde, folgendermaßen berechnet wird:

Sachinvestitionsquote = Sachinvestitionen/operativer Cash-Flow

Außerdem sollte die Eigenkapitalquote mindestens der Sachinvestitionsquote entsprechen, was sich auf die goldene Bilanzregel zurückführen lässt, die besagt, dass das Anlagevermögen von Unternehmen hauptsächlich mit Eigenkapital finanziert sein sollte. Trotzdem ist es den Unternehmen, die pro Jahr nur wenige Investitionen tätigen, jedoch über stabile und nachhaltige Cash-Flows verfügen, zu empfehlen, Fremdkapital aufzunehmen und von den steuerlichen Vorteilen zu profitieren. Nichtsdestotrotz und gerade, weil eine zu hohe Fremdkapitalquote die finanzielle Stabilität gefährden kann, sollte auch in Erwägung gezogen werden, einen ausreichenden Anteil an Eigenkapital vorzuziehen. Dies ist vor dem Hintergrund der enormen Wichtigkeit von finanzieller Stabilität unbedingt zu beachten. Der Anteil des Eigen- am Gesamtkapital eines Unternehmens sollte mindestens die Höhe des Anlagevermögens erreichen.

Problematisch an dem Entity-Verfahren und deshalb auch häufig kritisiert, ist, dass dieses im Rahmen der Bestimmung der Gesamtkapitalkosten das Eigenkapital zu Marktwerten verwendet, letzteres aber auch in die Gesamtbetrachtung miteinfließt. Daraus ergibt sich, dass das Bewertungsergebnis selbst in den Bewertungsprozess mit einfließt. Durch die Hinzuziehung der Marktkapitalisierung, sprich dem Marktwert des Eigenkapitals, im Falle von Unternehmen, die an der Börse notiert sind, kann diesem Problem begegnet werden. Ein Unternehmen hat beispielsweise eine Marktkapitalisierung von 500.000 Euro sowie verzinsliches Fremdkapital in Höhe von 250.000 Euro. Das Unternehmen weist außerdem Eigenkapitalkosten von 10 %, eine Steuerquote von 30 % und Fremdkapitalzinsen in Höhe von 7 % auf. Daraus berechnen sich die Gesamtkapitalkosten durch einsetzen in folgende Formel wie folgt:

$$\text{Gesamtkapitalkosten} = r_{EK} * \text{EK}/(\text{EK}+\text{FK}) + r_{FK} * \text{FK}/(\text{EK}+\text{FK}) * (1 - s)$$

$$\text{Gesamtkapitalkosten} = 0{,}1 * 500.000 \text{ Euro}/(500.000 \text{ Euro}+250.000 \text{ Euro}) + 0{,}7 * 250.000 \text{ Euro}/(500.000 \text{ Euro}+250.000 \text{ Euro}) * (1 - 0{,}3) = 0{,}23 = 23\ \%$$

Ein weiteres **Beispiel** soll nun das Entity-Verfahren näher im Detail erläutern:

Es wird hier von den Daten des Beispiels zum

Equity-Verfahren ausgegangen:

Ein fiktives Unternehmen hat ein EBIT in Höhe von 220.000 Euro. Von diesen 220.000 Euro muss nun zunächst die fiktive Steuer subtrahiert werden. Die Steuerquote wird berechnet, indem der Steueraufwand durch den Vorsteuergewinn (Jahresüberschuss + Steueraufwand) dividiert wird.

Steuerquote = Steueraufwand / Vorsteuergewinn = 60.000 Euro / (140.000 Euro + 60.000 Euro) = 0,3 = 30 %

Die Steuerquote beträgt demnach 30 % und wird von dem EBIT (220.000 Euro) subtrahiert. Die gesamte Rechnung ist in der unten aufgeführten Darstellung 49 zu finden.

	EBIT	220.000 Euro
-	auf EBIT angepasste Steuern	66.000 Euro
+	Abschreibungen	40.000 Euro
+/-	Δ Rückstellungen	0 Euro
-	Investitionsausgaben	40.000 Euro
-	Working Capital	10.000 Euro
	Free-Cash-Flow (vor Zinsen)	144.000 Euro

Darstellung 49 – Entity-Verfahren Beispiel-Rechnung

Aus dem obigen Beispiel der Free-Cash-Flow-Berechnung im Equity-Verfahren, ist bereits der Marktwert des Eigenkapitals bekannt (1.083.333 Euro) sowie auch die Finanzverbindlichkeiten, sprich das Fremdkapital, in Höhe von 400.000 Euro. Das Gesamtkapital ergibt sich logischerweise aus der Summe von Eigen- und Fremdkapital und beläuft sich auf 1.483.333 Euro. Des Weiteren sind die Eigen- und Fremdkapitalkosten von 12 % bzw. 5 % gegeben sowie der Steuersatz von 30 %. Nun kann bereits in die Formel eingesetzt werden:

$$\text{Gesamtkapitalkosten} = r_{EK} * EK/(EK+FK) + r_{FK} * FK/(EK+FK) * (1 - s)$$

$$\text{Gesamtkapitalkosten} = 0{,}12 * (1.083.333 \text{ Euro}/1.483.333 \text{ Euro}) + 0{,}05 * (400.000 \text{ Euro}/1.483.333 \text{ Euro}) * (1 - 0{,}3) = 0{,}0971 = 9{,}71\ \%$$

Der Unternehmenswert ergibt sich, indem der Free-Cash-Flow vor Zinsen durch die Gesamtkapitalkosten dividiert werden:

$$\text{Wert des Unternehmens} = 144.000 \text{ Euro} / 0{,}0971 = 1.483.007 \text{ Euro}$$

Zur Erinnerung soll hier angemerkt werden, dass sich der Unternehmenswert aus der Summe von Eigen- und Fremdkapital zusammensetzt. Um nun den Wert des Eigenkapitals berechnen zu können, muss lediglich der Wert des Fremdkapitals von dem Wert des Unternehmens subtrahiert werden:

$$\text{Wert des Eigenkapitals} = \text{Unternehmenswert} - \text{Wert des Fremdkapitals}$$

$$\text{Wert des Eigenkapitals} = 1.483.007 \text{ Euro} - 400.000 \text{ Euro} = 1.083.333 \text{ Euro}$$

Der Wert stimmt mit dem aus der Berechnung nach dem Equity-Verfahren überein.

Das Adjusted-Present-Value-Verfahren – Bestimmung von Free-Cash-Flows vor Zinsen, Diskontierung und Tax-Shield-Berechnung

Bei dem auch als APV-Verfahren bekannten Adjusted-Present-Value-Verfahren handelt es sich um eine Variante bzw. Abwandlung von dem Entity-Verfahren. Auch in diesem Verfahren werden die Cash-Flows jeglicher Kapitalgeber, sprich der Eigen- und Fremdkapitalgeber berücksichtigt. Ein entscheidender Unterschied zwischen dem Entity- und dem APV-Verfahren ist darin begründet, dass im letzteren der Steuervorteil separat von dem Wert des Unternehmens berechnet wird. Zur Erinnerung: beim Entity-Verfahren werden die Steuervorteile im Rahmen der Kapitalkostenformel berücksichtigt, in dem die Steuerquote mit in die Berechnung einfließt.

Im APV-Verfahren wird der Free-Cash-Flow vor Zinsen herangezogen und anschließend mit den Gesamtkapitalkosten des Unternehmens, dass fiktiv keine Schulden aufweist, abgezinst. Danach wird die Summe aus den Barwerten der Steuervorteile gebildet, der auch als Tax Shield bezeichnet wird. Dies ist möglich, weil die gesparten Steuerzahlungen, begründet durch die Absetzbarkeit der Fremdkapitalzinsen, diskontiert werden. Auch im APV-Verfahren, genauso, wie im Entity-Verfahren ist das Ergebnis nicht der Wert des Eigenkapitals, sondern der Wert des gesamten Unternehmens, sprich von Eigen- und Fremdkapital.

Zunächst geht es im Rahmen der Berechnung daran, den Free-Cash-Flow vor Zinsen zu bestimmen. Der Ablauf ist derselbe, wie bei dem Entity-Verfahren. Es gibt allerdings eine Abweichung, denn der Steuervorteil wird nicht innerhalb der WACC-Formel, sondern durch das Multiplizieren des Steuersatzes mit den Zinszahlungen in die Rechnung miteingebracht. Das Tax Shield gibt den Wert an, den das Unternehmen durch die Nutzung von Fremdkapital an Steuerzahlungen spart und wird berechnet, indem die Fremdkapitalzinsen mit der Steuerquote multipliziert werden. Die Fremdkapitalzinsen wiederum ergeben sich durch die Multiplikation von Fremdkapital und Fremdkapital-Zinssatz, während sich die Steuerquote durch Multiplikation von Zinssatz und Steuerquote berechnen lässt.

Tax Shield = Fremdkapital * Fremdkapital-Zinssatz * Steuerquote = Fremdkapital-Zinsen * Steuerquote

Die Berechnung des Tax Shield soll nun anhand eines kurzen Beispiels erläutert werden:

Ein Unternehmen hat zum Beispiel Fremdkapitalzinsen in Höhe von 60 Euro und eine Steuerquote von 35 %. Das Tax Shield lässt sich also ganz einfach durch Einsetzen in die oben aufgeführte Formel berechnen:

Tax Shield = 60 Euro * 0,35 = 21 Euro

Zu erwähnen ist an dieser Stelle, dass, wenn das Unternehmen statt den 60 Euro Fremdkapital Eigenkapital verwendet hätte, dieses in voller Höhe versteuert werden müsste. Durch die Diskontierung des Tax Shield mit den Vorsteuer-Kapitalkosten erhält man den Barwert des Tax Shields.

Dieser Barwert des Tax Shields wird, wie bereits mehrfach erwähnt, um im APV-Verfahren den Unternehmenswert berechnen zu können. Dafür wird der Barwert der Free-Cash-Flows vor Zinsen mit dem Bartwert des Tax Shields addiert. Die Formel sieht folgendermaßen aus:

Wert des Unternehmens = Barwert der Free-Cash-Flows vor Zinsen + Barwert des Tax Shields

Der Barwert der Free-Cash-Flows wird ermittelt, indem eine Abzinsung der Cash-Flows durch die Vorsteuer-Kapitalkosten durchgeführt wird:

$$\text{Vorsteuer-Gesamtkapitalkosten} = r_{EK} * EK/(EK+FK)+r_{FK} * FK/(EK+FK)$$

Es ist direkt ersichtlich, dass in dieser Formel, anders als in der weiter oben aufgeführten, nicht die Steuervorteile des Fremdkapitals berücksichtigt werden.

Die genaue Berechnung des Unternehmenswertes sowie der Kapitalkosten im Rahmen des APV-Verfahrens soll nun anhand des nachfolgenden Beispiels erläutert werden:

Bekannt ist, dass das betrachtete Unternehmen (dasselbe wie aus den Beispielen der Equity- und Entity-Verfahren) einen Free-Cash-Flow vor Zinsen in Höhe von 144.000 Euro aufweist. Außerdem ist der Zinsaufwand von 20.000 Euro, der Gesamtwert des Unternehmens (1.483.007 Euro), der Wert des Eigenkapitals (1.083.333 Euro) und die Eigen- sowie Fremdkapitalkosten in Höhe von 12 % bzw. 5 % sowie der Steuersatz von 30 % bekannt. Daraus lassen sich also durch schlichtes Einsetzen die Vorsteuer-Gesamtkapitalkosten berechnen:

$$\text{Vorsteuer-Gesamtkapitalkosten} = 0{,}12 * (1.083.333 \text{ Euro}/1.483.333 \text{ Euro}) + 0{,}05 * (400.000 \text{ Euro}/1.483.333 \text{ Euro}) = 0{,}101 = 10{,}1\ \%$$

Die Vorsteuer-Gesamtkapitalkosten betragen 10,1 %. Der Wert des Unternehmens berechnet sich also wie folgt:

Wert des Unternehmens = (144.000 Euro/10,1 %) + (20.000 Euro * 30 %)/10,1 % = 1.483.680

Dass der Wert des Unternehmens in diesem Beispiel der Berechnung nach dem APV-Verfahren von den zuvor berechneten Ergebnissen abweicht, ist auf die Rundungen zurückzuführen.

Wie auch bei dem Entity-Verfahren, ist bei dem APV-Verfahren zu beobachten, dass das Bewertungsergebnis selbst in den Bewertungsprozess mit einfließt. Die gewichteten Kapitalkosten haben um 1,9 % abgenommen (von 12 % auf 10,1 %), wobei es nur möglich ist, die 10,1 % zu berechnen, wenn vorher die (in diesem Falle) 12 % gekannt werden.

7.1.1 Vergleich von Equity-, Entity- und APV-Verfahren

Zwar ist das Ergebnis, dass die drei Verfahren hinsichtlich des Unternehmenswerts ausweisen, identisch, jedoch ist das Equity-Modell aus verschiedenen Gründen den zwei anderen Verfahren vorzuziehen. Dank der vergleichsweisen simplen Berechnung des Marktwerts des Eigenkapitals in der Equity-Methode, treten weniger Sondereffekte auf, die das Ergebnis verzerren würden. Des Weiteren ist dem APV- genauso, wie auch auf dem Entity-Verfahren ein großer Schwachpunkt zu bescheinigen, denn die Finanzverbindlichkeiten, die von dem Gesamtwert des Unternehmens subtrahiert werden, unterliegen teils starken Schwankungen von Stichtag zu Stichtag. Das ist darauf zurückzuführen, dass Unternehmen zu dem Stichtag in der Regel versuchen, sich als so gering verschuldet wie möglich darzustellen. Daraus ergibt sich im Falle eines hoch verschuldeten Unternehmens, dass es in Abhängigkeit von den angesetzten Verbindlichkeiten, zu nennenswerten Unterschieden im Rahmen der Bewertung kommt. Ein weitere

Kritikpunkt an dem Entity-Verfahren ist, dass der Kassenbestand den Wert des Unternehmens erhöht, weil das Modell die Annahme trifft, dass die überschüssigen Cash-Bestände direkt an die Investoren ausgeschüttet werden können. In der Praxis ist dies allerdings äußerst unwahrscheinlich, da viele Unternehmen dazu neigen, die übrigen finanziellen Mittel, sprich die Cash-Bestände, auch zukünftig in bereits bestehende Projekte zu investieren, um den Break-Even-Point (Übergang von der Verlust- in die Gewinnzone) zu erreichen. Deshalb ist eine Ausschüttung dieser Mittel an die Anteilseigner in der Realität äußerst unwahrscheinlich.

7.2 Alternative Risiko-Bestimmung

Es gibt eine Alternative, die genutzt werden kann, um das Risiko eines Unternehmens zu bestimmen. Dabei handelt es sich um den operativen Hebel, der angibt, wie stark die Reaktion des Gewinns auf sich verändernde Umsatzerlöse ist bzw. gibt der operative Hebel die Ausprägung des Verhältnisses von fixen und variablen Kosten an. Weiterer Nutzen des operativen Hebels ist, dass so nicht nur das Risiko einer Unternehmung eingeschätzt, sondern auch einen Blick auf etwaige Fixkostendegressionen bei ansteigenden Umsätzen geworfen werden kann. Die Formel zur Berechnung des operativen Hebels lautet wie folgt:

$$\text{Operativer Hebel} = (\text{EBIT}+\text{Fixkosten})/\text{EBIT}$$

Ein operativer Hebel von beispielsweise 3 würde bedeuten, dass das Ergebnis des betroffenen Unternehmens bei einer Umsatz-Veränderung von 1 % um das 3-fache reagiert. Der operative Hebel ist vor allem dazu geeignet, um mehrere Unternehmen miteinander zu vergleichen. Wichtig ist, dass hier an dieser Stelle erwähnt wird, dass der operative Hebel stets Informationen für einen kurzfristigen Zeitraum gibt.

Im Rahmen der Bestimmung des operativen Hebels von Unternehmen, erfolgt eine Aufteilung der verschiedenen Aufwandspositionen in der GuV nach ihrer variablen oder fixen Natur. Logischerweise sind die Unternehmen, die hohe Fixkosten schultern müssen, viel stärker von plötzlich einbrechenden Umsätzen betroffen, als andere Unternehmen, die wenige fixe Kosten aufweisen. Das liegt daran, dass die Fixkosten, anders als es bei den variablen Kosten der Fall ist, immer anfallen, auch wenn es zu einem Rückgang des Umsatzes kommt.

Meist verhält es sich so, dass der Materialaufwand mit der Gesamtleistung des Unternehmens korreliert. Darum kann dieser, sprich der Materialaufwand, zu 90 % zu den variablen Kosten gezählt werden. Daraus folgt, dass 10 % des Materialaufwands fixe Kostenkomponenten ausmachen, allerdings ist hier stets auf die Branche zu achten, da es zu branchenspezifischen Unterschieden kommen kann. Anders als der Materialaufwand, ist der Personalaufwand zum Großteil den Fixkosten zuzurechnen. Begründet ist dies durch die nur langsame Möglichkeit, die Kosten, etwa für die Gehälter und Löhne der Mitarbeiter, anzupassen. Es sollte ein Fixkostengrad von 75 % genutzt werden, allerdings ist auch hier auf den spezifischen Fall und auf die Gegebenheiten des betrachteten Unternehmens zu achten. Eine individuelle Prüfung ist für die sonstigen betrieblichen Aufwendungen und Erträge durchzuführen. Abschreibungen spielen zwar eine weniger wichtige Rolle, sind jedoch zu 100 % den Fixkosten zuzurechnen.

Die Berechnung des operativen Hebels soll nun anhand des folgenden **Beispiels** verdeutlich werden:

Das fiktive Unternehmen Y weist für das Jahr 2015 die folgende (verkürzte) Gewinn- und Verlustrechnung auf:

	2015
Gesamtleistung	135.953
Sonst. betriebliche Erträge	6.285
Materialaufwand	82.058
Personalaufwand	13.291
Abschreibungen	1.753
Sonst. betriebliche Aufwendungen	36.261
EBIT	8.814
Finanzaufwand	151

*Angaben jeweils in Tausend Euro

Darstellung 50 - Operativer Hebel Beispiel-Rechnung (1)

Aus der verkürzten GuV geht hervor, dass das Unternehmen Y geringe Abschreibungen aufweist. Außerdem ist direkt ersichtlich, dass der Materialaufwand sehr hoch und der Personalaufwand niedrig ist. Wie bereits weiter oben erwähnt, sind hohe Personalkosten in Krisenphasen als kritisch zu bewerten, da an dieser Stelle nur langsam Kostensenkungen durchgeführt werden können. Das Unternehmen Y hat allerdings, wie bereits angeführt, nur einen geringen Personalaufwand, was für ein geringes Risikoprofil spricht. Im Hinblick auf die sonstigen betrieblichen Aufwendungen ist festzuhalten, dass sich diese etwa zur Hälfte aus fixen und zur anderen Hälfte aus variablen Kosten zusammensetzen. Das Schema der Berechnung und die Aufschlüsslung nach fixen Kosten ist der nachfolgenden Tabelle zu entnehmen.

Position	Gesamtaufwand	Anteil der fixen Kosten	Fixkosten
Materialaufwand	82.058	10 %	8.206
Personalaufwand	13.291	75 %	9.968
Abschreibungen	1.753	100 %	1.753
Sonstige Aufwendungen	36.261	50 %	18.131
Gesamt	133.363	----	38.058

*Angaben jeweils in Tausend Euro

Darstellung 51 - Operativer Hebel Beispiel-Rechnung (2)

Im Rahmen der Tabelle wurden die Positionen mit den anteiligen Fixkosten verrechnet, um herauszufinden, wie hoch die Fixkosten sind. Durch das Bilden der Summe der Fixkosten der einzelnen Positionen lassen sich die gesamten Fixkosten berechnen. Diese betragen in diesem Beispiel 38.058 Euro. Der Fixkostenanteil an dem Gesamtaufwand des Unternehmens beläuft sich also auf 28,5 %. Diese Fixkostenquote ist als niedrig zu bewerten, wodurch dem Unternehmen Y bescheinigt werden kann, dass dieses auch bei starken Rückgängen des Umsatzes dennoch weiterhin profitabel wirtschaften kann. Doch nun soll der operative Hebel berechnet werden:

Operativer Hebel = (8.814 Tausend Euro+38.058 Tausend Euro)/8.814 Tausend Euro = 5,3 x

Wenn sich also der Umsatz des Unternehmens Y um 1 % verändert, so reagiert das Ergebnis um mehr als das 5-fache.

Ergänzend zum operativen Hebel kann der finanzielle Hebel berechnet werden. Die Formel für den finanziellen Hebel lautet:

Finanzieller Hebel = EBIT/(EBIT-Finanzaufwand)

Für die Werte des finanziellen Hebels gilt, dass, je niedriger dieser ausfallen, desto geringer ist die Reaktion des Jahresüberschusses auf eine EBIT-Veränderung. Für das Unternehmen Y berechnet sich der finanzielle Hebel wie folgt:

Finanzieller Hebel = 8.814 Tausend Euro/(8.814 Tausend Euro-151 Tausend Euro) = 1,02 x

Der finanzielle Hebel des Unternehmens Y von 1,02 x zeigt, dass der Jahresabschluss desselben nur sehr gering auf Veränderungen des EBITs reagiert.

Um nun das Gesamtrisiko zu berechnen, wird eine Verrechnung makroökonomischer Einflussfaktoren und den operativen und finanziellen Hebel mit der Standardabweichung des Umsatzes und der Korrelation der Umsätze vorgenommen. Dafür wird die folgende Formel eingesetzt:

$$\text{Gesamtrisiko} = \text{OH} * \text{FH}\ \sigma_{\text{Umsatz}} * p_{\text{Markt}}$$

Das Unternehmen Y hat in den letzten zehn Jahren eine Standardabweichung von 20 Millionen Euro auf. Daraus lässt sich bereits der Wert für σUmsatz berechnen, indem der Jahresumsatz in Höhe von 135 Millionen Euro durch die Standardabweichung dividiert wird. σUmsatz beträgt also 14,8 %. Um jetzt auch die Korrelation mit der makroökonomischen Entwicklung zu ermitteln, wir eine Näherung an der Veränderung von Umsatzentwicklung und Bruttoinlandsprodukt durchgeführt. Hier sei davon ausgegangen, dass das Unternehmen Y eine Korrelation (p) mit dem BIP von 0,67 aufweist. In der Regel ist die Korrelation mit dem BIP natürlich nicht bekannt und muss bestimmt werden. Dabei ist es wichtig, dass ein großer Zeitraum gewählt wird, der sowohl Aufschwungs-, als auch Abschwungsphasen enthält. Das Gesamtrisiko des Unternehmen Y berechnet sich so:

$$\text{Gesamtrisiko} = 5{,}3 * 1{,}02 * 14{,}8\,\% * 0{,}67 = 0{,}54$$

Das Unternehmen Y weist ein Risiko von 0,54 auf, welches als gering einzuschätzen ist. Einzeln betrachtet sagt das nicht sonderlich viel aus, weshalb sich stets ein Vergleich des Gesamtrisikos von mehreren Unternehmen empfiehlt, um eine Vergleichsgrundlage zu erhalten.

An dieser Stelle ist nun festzuhalten, dass je größer der operative sowie der finanzielle Hebel eines Unternehmens sind, desto sensibler fällt die Reaktion des Jahresüberschusses bzw. Gewinns auf die Veränderungen des Umsatzes aus. Das dadurch ermöglichte, zusätzliche Wachstum bringt in der Regel allerdings auch steigende Fixkosten mit sich, da im Rahmen des Wachstums auch Unternehmensbereiche wachsen und dementsprechend weitere Fixkosten anfallen.

7.3 Die Bereinigung des Jahresabschlusses

Die Bereinigung des Jahresabschlusses dient dazu, die unterschiedlichen Rechnungsvorschriften miteinander vergleichbar zu machen. Neben Wertkorrekturen, die für fälschlich angesetzte Vermögenswerte durchgeführt werden müssen, muss des Weiteren eine Bereinigung um Sondereffekte erfolgen, um den verschiedenen Rechnungslegungen unter Berücksichtigung der Wahlrechte und abweichenden Veröffentlichungsvorschriften Herr zu werden.

7.3.1 Die immateriellen Vermögenswerte

Im Rahmen der Überprüfung der immateriellen Vermögenswerte ist es wichtig, den Goodwill (Aufpreis, der auf den Buchwert eines zu übernehmenden Unternehmens von einem anderen Unternehmen gezahlt wird) von den sonstigen immateriellen Vermögenswerten zu trennen. Zu finden sind die immateriellen Vermögenswerte stets im Konzernanhang. Außerdem empfiehlt es sich in einigen Fällen, auch die Geschäftsberichte der Vergangenheit in die Betrachtung miteinzubeziehen, um nachvollziehen zu können, durch welche Unternehmensübernahmen die Goodwill-Position entstanden ist. Wichtig ist es, die Frage zu klären, ob der Goodwill tatsächlich einen Aufschlag verdient oder nicht. Dafür sollten zunächst die wichtigsten, zentralen Kennzahlen des gekauften Unternehmens betrachtet und analysiert werden. Ergibt sich nach der Übernahme, dass der Goodwill zu hoch angesetzt wurde, da sich das gekaufte Unternehmen schlichtweg nicht so ermittelt, wie erwartet, so muss eine Neubewertung desselben erfolgen. Das Eigenkapital wird dann um den korrigierten Betrag bereinigt. Grundsätzlich gestaltet sich die Bewertung von Software und Markenrechten, die selbst geschaffene immaterielle Vermögenswerte darstellen, deutlich einfacher, da diese nur zu den Herstellkosten angesetzt werden dürfen. Wenn es darum geht, Marken zu bilanzieren, dann muss außerdem beachtet werden, dass das Regelwerkt des IFRS normalerweise keine planmäßigen Abschreibungen vorsieht. Wichtig ist dennoch, dass dies beachtet wird, denn zahlreiche Beispiel zeigen, dass es Marken gibt, die stark waren, heutzutage jedoch lediglich bei einigen Konsumenten einen Erinnerungswert aufweisen.

7.3.2 Das Umlaufvermögen

Im Hinblick auf das Umlaufvermögen empfiehlt es sich, einen Blick auf die Forderungen und Vorräte zu werden. Wird zum Beispiel ersichtlich, dass Kunden die Rechnungen oft und in zunehmender Weise verspätet bezahlen, so ist eine eigene Bewertung des Umlaufvermögens durchaus sinnvoll, um zu einem genaueren Ergebnis zu kommen.

7.3.3 Die Sachanlagen

Es gibt Unternehmen, die bereits seit vielen Jahren bestehen und somit stille Reserven und / oder Lasten in ihrer Bilanz aufweisen. Zum Beispiel ist es so, dass Fabriken oder Grundstücke zwar schon abgeschrieben wurden, jedoch immer noch genutzt werden. Bei Grundstücken kann es gar der Fall sein, dass der Wert über die Jahre deutlich angestiegen ist. Das Regelwerk der IFRS räumt zwar Spielraum bei der Bewertung von dieser Art Vermögensgegenstand ein, dennoch ist eine aktuelle und zutreffende Bewertung in vielen Fällen nur schwer zu treffen. Es bietet sich an, direkt bei dem betroffenen Unternehmen anzufragen, um mehr Informationen darüber zu erhalten.

7.3.4 Die Pensionsrückstellungen

Die Verpflichtungen, die ein Unternehmen im Rahmen der betrieblichen Altersvorsorge eingeht, werden als Pensionsrückstellungen bezeichnet. Es gibt zwei verschiedene Arten von Pensionsplänen: den DB-Pensionsplan (defined benefit) und den DC-Pensionsplan (defined contribution). Die DC-Pensionspläne sind aufgrund ihrer Natur, die Beiträge der Arbeitnehmer anzulegen und dann zu einem späteren Zeitpunkt auszuzahlen, in der Analyse der Bilanz einfacher, als die DB-Pensionspläne. Somit ist die Möglichkeit einer Unterdeckung völlig ausgeschlossen. Anders ist dies bei den DB-Pensionsplänen, die den Arbeitnehmern eine Zahlung zusagt, die durch eine bestimmte Formel ermittelt wird, wodurch es regelmäßig zu hohen Unterdeckungen bei den Pensionsverpflichtungen kommt. Dies geschieht immer dann, wenn der Pensionsfond, in den die Beiträge der Arbeitnehmer eingezahlt werden, das Vermögen nicht so vermehren kann, wie erwartet. Auch kann es durch die steigende Lebenserwartung der Arbeitnehmer dazu kommen, dass die Pensionsansprüche deshalb nicht vollständig gedeckt sind. Immer, wenn eine Unterdeckung auftritt, hat das Unternehmen die Verpflichtung diese auszugleichen. Diese Zahlungszusage an die Arbeitnehmer ist in ihrer Höhe sowie auch in ihrer Dauer unbekannt, weshalb diese nicht als Verbindlichkeiten, sondern als Rückstellungen bilanziert werden.

Die ungedeckten Pensionsrückstellungen sollten stets in vollem Umfang als Finanzverbindlichkeiten behandelt werden.

7.3.5 Die latenten Steuern

Durch verschiedene Bewertungsansätze hinsichtlich der Steuern im Rahmen der Steuer- und Handelsbilanz ergeben sich latente Steuern. Diese sollte mit den latenten Steuerforderungen verrechnet werden. Weil latente Steuern nicht einzeln veräußerbar sind, können diese, wenn das Unternehmen liquidiert wird, meist nicht in Geld umgewandelt werden, weshalb es im Zweifelsfall angemessen ist, die latenten Steuern vollständig mit dem Eigenkapitel zu verrechnen.

7.4 Die Sondereffekte

Unternehmen, die sich gerade in einer schwachen Phase befinden, neigen dazu, Restrukturierungsprogramme ins Leben zu rufen, um eben dieser schwachen Phase entgegensteuern zu können. Die Aufwendungen dieser Restrukturierungsprogramme werden als einmalige Sondereffekte in der Bilanz des jeweiligen Unternehmens ausgewiesen. Oft ist diese Vorgehensweise auch völlig in Ordnung, denn diese Aufwendungen stellen tatsächlich einmalige Vorkommnisse dar. Trotzdem häuft sich die Zahl der Unternehmen, die mit angeblichen Sondereffekten versuchen, ihre finanzielle Situation zu verschleiern. Das ist möglich, indem, wenn ein negatives Ergebnis zu erwarten ist, ein Restrukturierungsprogramm gestartet wird. Letzteres wird dann komplett als Rückstellung bzw. in der Gewinn-und-Verlustrechnung als Aufwendung verbucht. Der Verlust, der dadurch entsteht, wird als Sondereffekt deklariert und in den Folgejahren können die Rückstellungen wieder aufgelöst und somit dann außerordentliche Erträge erzielt werden. Aus eben diesem Grund ist es so wichtig, dass die Sondereffekte stets gründlich analysiert werden.

7.5 Abschließende Worte zu den Bewertungsverfahren

Aus dem siebten Kapitel sollte klar geworden sein, dass es nicht das eine Bewertungsfahren für Unternehmen gibt, sondern unterschiedliche Ansätze der Bewertung in Abhängigkeit von der Situation existieren. Wichtig ist auch, dass nicht nur quantitative, sondern auch qualitative Faktoren eine entscheidende Rolle einnehmen. Die Kombination von quantitativen und qualitativen Faktoren hilft dabei, den inneren Wert zu bestimmen.

Das Discounted-Cash-Flow-Modell ist vor allem im Rahmen der Bewertung von Unternehmen nützlich, welche über ein planbares Geschäftsmodell verfügen. Dieses zumindest theoretisch einwandfreie Verfahren hat den Vorteil, dass der Free-Cash-Flow für die Bewertung verwendet wird. Nachteilig ist allerdings, dass das betrachtete Unternehmen über ein Geschäftsmodell verfügen muss, das solide einzuschätzen ist. Auch die Entity- und Equitymultiplikatoren sind dazu geeignet, ein Unternehmen zu bewerten, dienen aber auch zur Überprüfung sowie Erweiterung des Discounted-Cash-Flow-Modells.

Die Bewertung eines Unternehmens ist also anhand verschiedener Modelle bzw. Verfahren möglich. Dennoch gibt es auch Fälle, in denen die Bewertung nicht möglich ist. Zum Beispiel, wenn es keine aktuellen Informationen über den Markt oder über das Unternehmen und dessen Geschäftsmodell gibt. Geht es um die Bewertung von Unternehmen, die an der Börse notiert sind, so empfiehlt es sich dringend, vorher nicht auf den Kurs zu schauen, um die Analyse unvoreingenommen zu beginnen. Des Weiteren, so simpel, wie es klingen mag, sollten die Geschäftsberichte von Unternehmen immer ab der ersten Seite an gelesen werden. So wird sichergestellt, dass zu aller erst ein Blick auf das Geschäftsmodell geworfen und erst dann der Konzernabschluss analysiert wird. So wird außerdem gewährleistet, dass nicht nur die quantitativen Daten des Abschlusses in die Betrachtung einfließen, sondern auch qualitative Faktoren, die an dem Geschäftsmodell festgemacht werden. Wenn das Geschäftsmodell überzeugt, dann ist es auch wahrscheinlich, dass die Zahlen im Abschluss dieselbe Sprache sprechen. Weichen die Zahlen hingegen von der Einschätzung über das (positive) Geschäftsmodell ab, so ist daraus ersichtlich, dass das Management keinen guten Job macht. Ebenfalls wichtig an dieser Stelle zu erwähnen, ist die Selbstdisziplin, die bei der Bewertung von Unternehmen eine entscheidende Rolle einnimmt. Das liegt ganz einfach daran, dass zahlreiche Analysten nach einer umfangreichen Analyse eines Unternehmens dazu neigen, diese positiver zu bewerten, als es eigentlich ist, um die Arbeit nicht umsonst verrichtet zu haben. Logischerweise ist das nur wenig zielführend und kann hohe Verluste mit sich bringen.

8. KAPITEL – DAS VALUE INVESTING

DAS ACHTE UND LETZTE Kapitel dieses Buches beschäftigt sich mit dem Thema Value Investing, dass auf den Starinvestor Warren Buffett zurückzuführen ist. Eine Anlage ist immer dann als lohnend zu bezeichnen, wenn ein möglichst hoher Unterschied zwischen er eigenen Bewertung des betrachteten Unternehmens zu dem aktuellen Kurs an der Börse besteht. Wird also zum Beispiel eine Aktie zu dem aktuellen Kurs von 20 Euro erworben, die eigene Bewertung ergibt jedoch, dass eine Aktie 30 Euro wert ist, so kann, wenn die Aktie dann an der Börse tatsächlich auf 30 Euro steigt, ein Gewinn pro Aktie von 10 Euro eingefahren werden. Wird eine Aktie hingegen über ihrem fairen Wert gehandelt, so wäre es unklug, diese zu kaufen, weil der Preis nach eigener Bewertung überteuert ist.

Natürlich – und das sollte mittlerweile deutlich geworden sein – handelt es sich bei der Bewertung von Unternehmen nicht um eine exakte Wissenschaft, sondern vielmehr um eine Disziplin, die von Fehlern und Mängeln geprägt ist. Aus diesem Grund wird die sogenannte Sicherheitsmarge genutzt, die zwischen der eigenen Bewertung und dem aktuellen Kurs liegt. Nur, wenn eine ausreichend hohe Sicherheitsmarge besteht, lässt sich die Anlage bzw. Investition rechtfertigen. Die Sicherheitsmarge dient als eine Art Versicherung gegen die eigenen Fehleinschätzungen und schützt außerdem vor unvorhersehbaren Ereignissen. Wie bereits erwähnt, ist es nicht möglich den exakten Unternehmenswert zu ermitteln, Fehleinschätzungen sind also vorprogrammiert und das sollte im Großen und Ganzen stets berücksichtigt werden.

Grundsätzlich kann davon ausgegangen werden, dass die Aktienmärkte auf langfristige Sicht zutreffende Bewertungen ermöglichen, aber dennoch sind kurzfristig stets Über- und auch Unterbewertungen möglich. Im Rahmen des Value Investings geht es darum, die Wertpapiere zu finden, die falsch bewertet, sprich entweder über- oder unterbewertet, sind, um daraus Profit zu schlagen. Es existiert jedoch auch eine Hypothese, die die Effizienz des Aktienmarktes betont und besagt, dass alle Aktien stets korrekt bewertet sind und die Kurse bereits alle verfügbaren Informationen enthalten. Ein risikofreier Gewinn ist nach dieser Theorie also nicht möglich. Dennoch berücksichtigt die Hypothese nicht, dass es regelmäßig zu Über- und Unterbewertungen von Aktien auf kurzfristige Sicht kommt. Letztere sind in der Regel auf die irrationalen Verhaltensweisen der Marktteilnehmer zurückzuführen und somit nicht mit dieser Theorie zu vereinbaren. Kurz zusammengefasst ist die Suche nach unterbewerteten Titeln nach dieser Theorie nicht sinnvoll, weil der Markt immer Recht behält und bereits den korrekten Preis festgelegt hat. Die Anhänger der Theorie versuchen den breiten Markt zu schlagen, indem passiv investiert wird, zum Beispiel in Form eines Indexfonds. Nichtsdestotrotz gibt es Investoren, die mit dem Value Investing überaus erfolgreich sind. Warren Buffett ist nur ein Beispiel dafür, wie es gelingen kann, wenige unterbewertete Titel zu finden und dadurch stattliche Gewinne zu erzielen. Begründet ist dies, sprich dass es durchaus möglich ist, dass der Markt einige Titel über- oder unterbewertet, weil es sich bei den Marktteilnehmern um Menschen handelt, denen erstens verschiedenen Informationen vorliegen und zweitens oft von Gier und Angst getrieben werden.

Es gibt zahlreiche Beispiele für irrationale Bewertungen durch den Markt, auf die an dieser Stelle aber nicht genauer eingegangen werden soll. Zurückzuführen ist dies auf das Verhalten der Marktteilnehmer. Oft ist es so, dass fallende Kurse eine Vielzahl von Anlegern dazu bewegt, sofort zu verkaufen, wodurch die Talfahrt des betroffenen Titels fortgeführt wird und dieser dann in einigen Fällen deutlich unterhalb des fairen Werts notiert. Deshalb ist es auch so, dass die spannendsten Gelegenheiten für eine gewinnbringende Investition immer dann auftreten, wenn am Markt große Verunsicherung und Angst herrschen. Darin lässt sich auch der Grundgedanke des Value Investings erkennen, nämlich die Preis- und Wertdifferenzen von ineffizienten Märkten für sich zu nutzen. Schon Benjamin Graham, der als Begründer des Value Investings gilt, stellte fest, dass die Märkte in kurzfristiger Sicht von den Meinungen und Stimmungen der Marktteilnehmer geprägt sind, während die Märkte langfristig betrachtet den echten, wahren Wert eines Unternehmens erkennen. Das bestätigt sich auch in der Praxis, denn die großen Unternehmen werden in der Regel nahe an desser fairen Werten bewertet.

Im Hinblick auf das Value Investing geht es viel mehr darum, zu akzeptieren, dass die Kurse an der Börse nicht immer zwingend die wahren Werte der Unternehmen zeigen, sondern nur den Preis bzw. Kurs, zu dem die Marktteilnehmer bereit sind Aktien zu kaufen oder zu verkaufen. Des Weiteren gehen Anhänger des Value Investings so vor, dass sie im Rahmen eines Aktienkaufs nicht annehmen, lediglich ein Teil des Unternehmens zu kaufen, sondern das ganze Unternehmen. Es ist also wichtig, sich selbst als Unternehmer zu betrachten und dementsprechend die Entscheidungen aus der Sicht eines Unternehmers zu treffen. Doch wie wird der richtige Kaufpreis für ein Unternehmen bzw. für dessen Aktie gefunden? Die Sicherheitsmarge kann dabei behilflich sein.

8.1 Die Sicherheitsmarge

Die Sicherheitsmarge wird auch Margin of Safety genannt und ist auf Benjamin Graham zurückzuführen. Die Sicherheitsmarge berechnet sich aus der Differenz zwischen dem fairen Wert einer Aktie und dem aktuellen Marktpreis derselben. Mit ansteigender Größe der Sicherheitsmarge wird die Anlage in die betrachtete Aktie immer attraktiver und gleichzeitig, zumindest, wenn die Analyse richtig durchgeführt wurde, auch sicherer. Der Gedanke, der hinter dem Konzept der Margin of Safety steht, ist, dass der Unternehmenswert nie exakt ermittelt werden kann, sodass der innere Wert der Aktie um einen bestimmten Abschlag reduziert wird. Anschließend wird überprüft, ob eine Investition bzw. Anlage noch immer lohnenswert ist. Logischerweise steigt die Sicherheitsmarge bei zunehmendem Risiko der untersuchten Aktie. Deshalb sind die Unternehmen, die sich in finanziellen Schwierigkeiten befinden, nur dann eine Investition wert, wenn sich eine hohe Margin of Safety berechnen lässt. Anders verhält es sich bei den Unternehmen, deren Geschäftsmodell als solide und einfach nachzuvollziehen gilt. In diesem Fall ist es möglich, eine geringe Sicherheitsmarge zu akzeptieren. Ein kleines Beispiel soll dies veranschaulichen:

Eine Aktie weist einen inneren Wert von 10 Euro auf und gleichzeitig wird eine Margin of Safety von 3 Euro verlangt. Daraus ergibt sich, dass der Maximal-Kaufpreis für diesen Wert 7 Euro beträgt. Werte, die über den 7 Euro liegen, würden die Sicherheitsmarge verringern.

Außerdem dient die Margin of Safety als eine Art Absicherung gegen Fehlentscheidungen. Wie hoch die Sicherheitsmarge schlussendlich angesetzt werden sollte, hängt auch von der jeweiligen Branche ab, in der das Unternehmen aktiv ist. Auch das Zinsniveau und die allgemeine wirtschaftliche

Lage beeinflussen die Höhe der Sicherheitsmarge. Grundsätzlich sollte allerdings mindestens eine Sicherheitsmarge von 30 % angewandt werden.

Wird also nach eigener Betrachtung und Analyse der innere bzw. faire Wert einer Aktie auf 100 Euro beziffert und diese Aktie notiert aktuell an der Börse zu einem Kurs von 90 Euro, so ist die Aktie unterbewertet. Nun kommt es auf die Höhe der Margin of Safety an, ob der Titel tatsächlich gekauft wird oder nicht. In diesem Fall würde ein Kauf getätigt werden, wenn die Sicherheitsmarge in Höhe von 10 % oder darunter gewählt worden wäre. Würde der Anleger allerdings nur kaufen, wenn eine Sicherheitsmarge von mindestens 30 % gegeben ist, dann müsste geduldig gewartet werden, bis die Aktie, die aktuell zu dem Kurs von 90 Euro an der Börse notiert, auf 70 Euro fällt. Natürlich kann es auch passieren, dass die Aktie nicht an Wert verliert, sondern gewinnt und plötzlich bei 102 Euro notiert. Somit wäre diese dann überbewertet, weil der Kurs oberhalb des inneren Werts liegt. Die Margin of Safety kann also auch dazu beitragen, dass Chancen nicht genutzt werden, schützt jedoch vor Verlusten.

8.2 Das Value Investing – Ein Überblick über die verschiedenen Strategien

Das Value Investing ist nicht als Ganzes zu verstehen, sondern setzt sich aus verschiedenen Teilbereichen zusammen. Im Fokus steht die Suche nach qualitativ hochwertigen Unternehmen, die auch in Zukunft einen Wettbewerbsvorteil gegenüber der Konkurrenz aufweisen werden und deren Aktien zu einem günstigen Preis (unterhalb des fairen Werts) erworben werden können. Sobald ein attraktives Verhältnis zwischen dem Preis und dem Wert einer Aktie vorhanden ist, gilt grundsätzlich jedes Unternehmen als interessantes Investitionsobjekt. Das Value Investing bietet verschiedene

Strategien, einige mit kurzfristigem Anlagehorizont und andere mit langfristigem Anlagehorizont.

Die Investition in Qualitätsunternehmen

Wenn es um langfristig orientierte Value Investing Strategien geht, stehen qualitativ hochwertige Unternehmen mit gefestigter Wettbewerbsposition im Fokus der Betrachtung. Ziel ist es, ein sogenanntes Value Depot anzulegen, dass sich aus Titeln von Unternehmen zusammensetzt, die über einen langfristigen Wettbewerbsvorteil und ein gut aufgestelltes Management verfügen. Problematisch ist allerdings, dass der Großteil der Aktien der Unternehmen, die diese Kriterien erfüllen, relativ teuer ist. So passiert es regelmäßig, dass Unternehmen, die im Rahmen der Analyse als qualitativ hochwertig bewertet wurden, in der Praxis dennoch aktuell nicht attraktiv für einen Kauf sind, weil der Kurs der Aktie schlichtweg zu hoch und somit überbewertet ist. Typisch für Qualitätsunternehmen ist, dass diese ihr Kapital auf effiziente Weise nutzen, das Geschäftsmodell einfach nachzuvollziehen ist und ein vertrauenswürdiges, fähiges Management eingesetzt wird. So sollte auch langfristig gewährleistet sein, dass diese Unternehmen die Fähigkeit besitzen, die vorteilhafte Wettbewerbsposition und somit dementsprechend auch die Cash-Flows in den kommenden Jahren weiter auszubauen.

Die Net Current Asset Value Strategie

Bei der Net Current Asset Value Strategie geht es um die Bewertung von Unternehmen, welche ausschließlich basierend auf den jeweiligen Net Current Asset Value Strategie sowie auf liquidierbaren Vermögenswerten durchgeführt wird. Im Rahmen der Betrachtung wird der Net-Net-Wert eines Unternehmens bzw. von der Aktie desselben ermittelt. Eine Net-Net Aktie ist solch eine, deren Kurs an der Börse unterhalb des Net Current Asset Values liegt. Angesetzt wird dabei basierend auf das zu Marktwerten angesetzte Umlaufvermögen, von dem dann die Verbindlichkeiten subtrahiert werden. Im Rahmen dieser Operation dürfen die liquiden Mittel vollständig, sprich zu 100 % angesetzt werden. Anders verhält es sich bei den Forderungen, die, genauso wie auch der Bestand an Vorräten, angepasst werden müssen. Dabei werden die Forderungen um die Ausfallwahrscheinlichkeit bereinigt. Die Chancen für die Zukunft sind hierbei nur zweitrangig, weil die Bewertung basierend auf der Liquidationssicht erfolgt. Für eine Investition interessante Net-Net Aktien sind solche, bei denen das zugehörige Unternehmen unterhalb des Netto-Kassenbestands bewertet werden. So kann der komplette Kassenbestand ausgezahlt werden, ohne gleichzeitig das Unternehmen zu liquidieren bzw. aufzulösen. Aktienscreener sind nützliche Tools, die dabei helfen können, herauszufinden, ob eine Net-Net Situation gegeben ist. Des Weiteren sollte stets überprüft werden, ob Ereignisse aufgetreten sind, die ermöglichen, dass die Werte, die innerhalb des betrachteten Unternehmens gebunden sind, auch wirklich freigegeben werden können. Dies kann sich in der Ausschüttung einer Sonderdividende, in Form einer Übernahme, Aktienrückkäufen oder Abspaltungen bemerkbar machen.

Zigarettenstummel-Investments

Diese Value Investing Strategie ist deutlich kurzfristiger ausgerichtet, als diese, die den Fokus auf die Suche von Qualitätsunternehmen legen. Stattdessen wird nach Aktien gesucht, die zwar keine besonderen Qualitätsmerkmale aufweisen, jedoch besonders günstig gekauft werden können. Der Begriff Zigarettenstummel geht auf Warren Buffett zurück, der diese Aktien mit einem Zigarettenstummel vergleicht, der auf der Straße gefunden wird und noch für kurze Zeit geraucht werden kann. So ähnlich verhält es sich dementsprechend mit

Zigarettenstummel-Investments, die nur kurzfristig gehalten werden, aber besonders günstig zu erwerben sind und profitabel sein können. Die Aktien der Unternehmen, die keine Alleinstellungsmerkmale aufweisen und somit langfristig betrachtet nicht interessant für ein Investition sind, jedoch kurzfristig den fairen Wert erreichen können, stehen somit im Fokus der Betrachtung. Typisch für Zigarettenstummel-Investments sind die Aktien von den Unternehmen, die in klassischen und nur langsam wachsenden Branchen aktiv sind und deshalb oft von dem Markt nicht beachtet werden. Das sind meist Unternehmen, die innerhalb einer Nische zu profitablen Ergebnissen kommen, aber trotzdem unterhalb ihres Buchwerts an der Börse notieren. Aufgrund des kurzfristigen bis maximal mittelfristigen Anlagehorizonts, stellen Zigarettenstummel-Investment eine ergänzende Strategie zu den normalerweise deutlich längerfristig ausgerichteten Value Investing Strategien dar.

Es ist also ersichtlich, dass sich die Value Investing Strategien nicht nur darum drehen, Qualitätsunternehmen ausfindig zu machen, sondern, dass es allgemein darum geht, solche Aktien herauszufiltern, die deutlich unter ihrem fairen Wert oder ihrem Liquidationswert erworben werden können. Bei Zigarettenstummel-Investments ist also darauf zu achten, dass der Wert schnell gesteigert wird und dann, sobald der faire Wert erreicht wird, wiederverkauft werden. Somit ist der große Unterschied zwischen der Investition in qualitativ hochwertige Unternehmen und der Geldanlage in Zigarettenstummel-Investments vor allem der Zeithorizont.

8.3 Die Identifikation von gewinnbringenden Investitionen

Im Rahmen der Bewertung von Unternehmen geht es im ersten Schritt darum, überhaupt erstmal interessante Unternehmen zu finden, die für eine Bewertung infrage kommen, sprich interessante Bewertungsobjekte darstellen. Deshalb ist es wichtig, dass zunächst überprüft wird, welche Unternehmen einer genaueren Betrachtung und Analyse unterzogen werden, sodass neben dem reinen Bewertungsprozess, zunächst ein passendes Unternehmen gefunden werden muss, das sich lohnt zu analysieren.

Zu unterscheiden ist dabei zwischen zwei Ansätzen: dem Bottom-Up (von unten nach oben) sowie dem Top-Down Ansatz (von oben nach unten). Der Bottom-Up Ansatz setzt auf der Unternehmensebene an und es werden die Unternehmen identifiziert, die attraktiv sind. In die Betrachtung nach dem Bottom-Up Ansatz fließt vor allem das Geschäftsmodell und fundamentale Daten und Aktienbewertungen sind weniger zu berücksichtigen. Anders ist der Top-Down Ansatz, denn hier wird zunächst mit einer Makroanalyse begonnen, um sich von dort aus auf die Unternehmensebene vorzuarbeiten. So schauen Value Investoren zunächst auf Makrotrends, wie beispielsweise emissionsfreie Mobilität und wählen dann die Branchen aus, die von dem Trend profitieren. Innerhalb dieser Branche wird dann im nächsten Schritt nach attraktiven Unternehmen für eine Investition gesucht.

Es gibt einige Vorgehensweisen, die dabei helfen, geeignete Unternehmen für eine Investition zu finden. Diese Vorgehensweisen, die nun im folgenden Absatz vorgestellt werden, sind keine Garantie dafür, dass ein interessantes Unternehmen auch tatsächlich gefunden wird. Vielmehr ist es wichtig, dass stets nach neuen Möglichkeiten Ausschau gehalten wird, um attraktive Investitionsmöglichkeiten ausfindig zu machen. Doch nun zu den Vorgehensweisen, die sich bereits bewährt haben:

Den Markt beobachten und wachsam sein

Wachsame Anleger und Investoren haben die Möglichkeit, durch Beobachtungen des Marktgeschehens Unternehmen zu finden, die im Alltag präsent sind. Es gilt also die Unternehmen zu finden, die in Zeitungen und anderen Medien erwähnt werden. Dies kann zum Beispiel bedingt durch aktuelle Trends, die Preispolitik oder die Qualität sein. Hilfreich ist außerdem, sich mit anderen Investoren auszutauschen, um weitere interessante Investitionsobjekte ausfindig zu machen, die vorher nicht in Betracht gezogen worden sind.

Die A-Z Analyse

Auch die A-Z Analyse kann dabei helfen, interessante Investitionsobjekte zu finden. Die Vorgehensweise ist so, dass eine Unternehmens-Liste erstellt wird, die dann alphabetisch von A bis Z (daher auch der Name der A-Z Analyse) aufgewertet wird. Alternativ ist auch eine zufällige Reihenfolge hinsichtlich der Auswertung möglich. Ebenso kann eine Liste aller Unternehmen eines Landes oder auch eine Liste mit internationalen Unternehmen angelegt und diese nach den Kriterien der Wahl sortiert werden. Die A-Z Analyse erfordert viel Zeit und Ausdauer, denn der Großteil der Unternehmen wird nach einer kurzen Betrachtung nicht weiter Gegenstand der folgenden Analyse sein. Nichtsdestotrotz ist es mit der A-Z Analyse möglich, viele Unternehmen zu finden, die eine spannende Investitionsmöglichkeit darstellen.

Die Analyse von Nachrichten

Bei der Analyse von Nachrichten geht es darum, sich täglich auf unternehmensbezogene Nachrichten zu konzentrieren. Dies können neben Nachrichten von Übernahmen, Managementwechseln oder Aktienrückkäufen auch Ad-Hoc Meldungen sein. Wichtig ist, dass die Abschnitte der Zeitungen durchkämmt werden, die den Börsenteil beinhalten. Um Informationen über stark abverkaufte Aktien zu erhalten, lohnt es sich, stets einen Blick auf die aktuellen Tagesverlierer zu werfen. Lohnenswert ist es des Weiteren, den aktuellen Marktzyklus im Blick zu haben. Wenn die Kurse allgemein auf einem hohen Niveau sind, so sollte nach Sondersituationen und Kandidaten für eine Übernahme durch andere Unternehmen Ausschau gehalten werden. Bei schwierigen, durch Panik geprägte Marktphasen sind vor allem die Unternehmen interessant, die besonders günstig bewertet sind. Im Rahmen der Vorabbewertung, die zum Beispiel mithilfe von Multiplikatoren erfolgen kann, ist es wichtig, dass auch für die Werte, die aktuell nicht über ein attraktives Kursniveau verfügen, dennoch einer exakteren Analyse zu unterziehen und anschließend auf eine Beobachtungs-Liste zu setzen, für den Fall, dass sich die Kurse verändern. Es lohnt sich also, strikt die Nachrichten zu verfolgen, um Unternehmen ausfindig zu machen, die sich in einer Krisenphase befindet, wodurch sich die Kurse deutlich reduziert haben. Dann sollte langfristig geschaut werden, wie es um die Zukunftsaussichten des Unternehmens beschert ist. Im besten Fall können die Aktien in der Krisenzeit günstig erworben werden und die zukünftig ansteigenden, sich erholenden Kurse ermöglichen attraktive Gewinne.

8.4 Das Portfoliomanagement

Im Rahmen des Portfoliomanagements geht es darum, die Struktur des Portfolios und somit die Anzahl, Größe, Käufe und Verkäufe von Einzelpositionen zu definieren. Wichtig ist, dass aktiv Portfoliomanagement betrieben und die Titel regelmäßig auf Performance überprüft werden sollten. Es muss geschaut werden, welche Aktien dazu gekauft und welche verkauft werden. Letzten Endes entscheiden logischerweise die tatsächlich durchgeführten Käufe bzw. Verkäufe, ob ein Investment lohnend ist oder nicht. Entscheidend sind neben der Diversifikation auch das Risiko und die Liquidität des Portfolios.

8.4.1 Die Diversifikation des Portfolios

Aus den vorangegangenen Kapiteln sollte klar geworden sein, dass die Analyse sowie auch die anschließende Bewertung von Unternehmen stets Unsicherheiten mit sich bringt und nicht frei von Fehleinschätzungen ist. Aus diesem Grund ist die Diversifikation des Portfolios so wichtig. Schon zwischen zehn und 15 einzelne Aktie mit ausreichender Sicherheitsmarge bieten einen gewissen Grad an Sicherheit. Zu erwähnen ist, dass eine breite Diversifikation weniger wichtig ist, als eine angemessene Sicherheitsmarge. Außerdem ist es wichtig, dass die Reaktionen der einzelnen, im Portfolio enthaltenen Aktien auf makroökonomische Veränderungen gut abgeschätzt werden können. Es sollte vermieden werden, sich für 15 Titel aus einer und derselben Branche zu entscheiden, da so schlichtweg nicht das Maß an Diversifikation gegeben ist, welches wünschenswert ist. Deshalb sollte eine gute Mischung aus interessanten Unternehmen verschiedener Branchen und auch aus verschiedenen Regionen erstellt werden, um das Risiko des Portfolios überschaubar zu machen. Grundsätzlich ist es sowieso nicht möglich eine ganze Vielzahl an

Unternehmen zu finden, die eine angemessene Sicherheitsmarge ermöglichen, weshalb es beim Value Investing darum geht, einige vielversprechende Titel mit Bedacht auszuwählen.

Erfüllt ein Unternehmen bzw. eine Aktie also die Kriterien, um als attraktiv zu gelten und wird außerdem auch die Sicherheitsmarge ausreichend erfüllt, so sollte dementsprechend auch eine große Position eingegangen werden, die der Sicherheitsmarge entspricht.

Sinn und Zweck der Analyse und Bewertung von Unternehmen ist, es nicht nur, die passenden gewinnbringenden Aktien herauszufiltern und anschließend zu kaufen, sondern auch in schwierigen und unsicheren Marktphasen ruhig zu bleiben. Es gilt, gegen die Meinung, die allgemein am Markt herrscht, Aktien zu kaufen (beispielsweise in Abschwungsphasen) und so zu profitieren. Wichtig ist es, die Emotionen, wie Gier, Angst, etc., zu kontrollieren und sich davon nicht im Rahmen von Kauf- oder Verkaufsentscheidungen verwirren und schlussendlich zu falschen Entscheidungen hinreißen zu lassen.

8.4.2 Die Liquidität des Portfolios

Es ist nicht zielführend, die ganze Zeit über mit vollem Umfang investiert zu sein. Das ist ganz logisch, denn wenn keine angemessene Cash-Quote vorhanden ist, so ist es nicht möglich, Chancen, die sich kurzfristig ergeben, zu nutzen. Deshalb ist es wichtig, stets über ein Mindestmaß an Liquidität zu verfügen. Das schützt außerdem davor, bestehende Positionen verkaufen zu müssen, weil stets ein ausreichend großes Polster an Liquidität vorhanden ist. An dieser Stelle soll auch erwähnt werden, dass im Hinblick auf die Liquidität des Portfolios auch der Durchschnitt der Dividendenrenditen der anderen im Depot enthaltenen Wertpapiere beachtet werden sollte.

8.4.3 Das Risiko des Portfolios

Wenn eine Position eingegangen wird, so ist die Größe derselben stets in Abhängigkeit zu dem Risiko des Unternehmens und der möglichen Sicherheitsmarge zu richten. Wie bereits im Rahmen der vorangegangenen Kapitel ausführlich erklärt wurde, lässt sich das Risiko auf Unternehmensebene messen, indem unter anderen der Grad der Verschuldung sowie die Beständigkeit des Geschäftsmodell unter die Lupe genommen werden. Auf der Ebene der Aktie lässt sich das Risiko durch die Sicherheitsmarge und natürlich durch die Bewertung der Aktie ermitteln. Auf Ebene des Portfolios muss das Risiko im Ganzen betrachtet werden, da es selbstverständlich möglich ist, dass sich Unternehmen aus verschiedenen Branchen darin befinden und somit das Risiko beeinträchtigen. Würden 15 Aktien von Automobilherstellern gekauft werden, so wird das Risiko dadurch kaum gesenkt, da alle dieser Automobilhersteller ähnlich auf makroökonomische Vorkommnisse reagieren. Deshalb ist es auch im Hinblick auf das Risiko von entscheidender Bedeutung, dass das Unternehmen, die in das Portfolio aufgenommen werden, aus verschiedenen Regionen und unterschiedlichen Branchen stammen. Des Weiteren kann es durchaus sinnvoll sein, eine Streuung über verschiedene Währungen vorzunehmen, wobei darauf geachtet werden muss, in welcher Währung die Cash-Flows generiert werden. Die Bilanzwährung ist bei dieser Betrachtung unerheblich. Stets zu beachten ist außerdem, dass der eigene Kompetenzbereich nicht verlassen wird. Das heißt, dass immer verstanden bzw. zuverlässig abgeschätzt werden muss, wie das jeweilige Unternehmen agiert.

8.5 Der Zeitpunkt für Kauf und Verkauf

Im Rahmen dieses Kapitels wird die Frage behandelt, zu welchem Zeitpunkt bzw. unter welchen Voraussetzungen im Rahmen der Value Investing Strategie gekauft bzw. verkauft wird. Auch wird ein Blick auf die Positionsgröße, die Haltedauer sowie auf die zu beachtende Sicherheitsmarge und auf makroökonomische Abhängigkeiten geworfen.

8.5.1 Kauf

Ein Kauf sollte stets dann in Betracht gezogen werden, wenn eine ausreichend hohe Sicherheitsmarge, sprich ein ausreichender Unterschied zwischen aktuellem Börsenkurz und echtem bzw. fairen Wert der Aktie vorhanden ist. Auch die Positionsgröße richtet sich nach der Sicherheitsmarge, die gleichzeitig das Potenzial der Aktie zeigt. Dabei ist allerdings auch auf makroökonomische Abhängigkeiten der betroffenen Unternehmen zu achten. Die Eröffnung einer großen Einzelposition ist also an die erwartete makroökonomische Entwicklung des Unternehmens gekoppelt. Sieht letztere eher negativ aus, so sollte von dem Eröffnen der überdurchschnittlich großen Position Abstand genommen werden. Soll das Portfolio zehn bis 15 Aktien bzw. Unternehmen enthalten, so würde die Positionsgröße im Durchschnitt bei 6 % bis 10 % liegen. Nichtsdestotrotz sollten die Positionen von besonders attraktiven und vielversprechenden Unternehmen auf bis zu 20 % des Portfolios aufgestockt werden. Wichtig ist, dass das Unternehmen, welches eine größere Position im Portfolio enthält, auch tatsächlich attraktiv ist und logischerweise nicht aus dem Bauch heraus entschieden wird. Nach der Festlegung der optimalen Positionsgröße kann entweder so vorgegangen werden, dass die komplette Positionsgröße direkt aufgebaut wird oder aber das Schritt für Schritt vorgegangen wird. Der schrittweise Kauf ist dann zu empfehlen, wenn gegen den aktuellen Markttrend gekauft wird oder absehbar ist, dass die entsprechende Nachrichtenlage negativ bleibt. Dabei lohnt sich ein Blick auf die Informationen bzw. Daten, die Einfluss auf den Kurs haben, also zum Beispiel der Quartalsbericht des betroffenen Unternehmens.

8.5.2 Verkauf

Grundsätzlich gilt, dass Unternehmen, die über ein Alleinstellungsmerkmal verfügen und außerdem auch in der Zukunft in der Lage sind, ihre Marktposition weiterhin zu vergrößern, niemals verkauft werden sollten, da auf diese Weise schließlich auch der Wert des Unternehmens im Zeitverlauf zunimmt. Im Hinblick auf Desinvestitionsentscheidungen, die das Portfolio betreffen, sollte nach denselben Kriterien vorgegangen werden, die auch im Hinblick auf einen Kauf entscheidend sind. Wenn ein Unternehmen also über dem inneren Wert notiert, so bedeutet dies logischerweise, dass die Marktteilnehmer bereit sind, mehr zu zahlen, als die Aktie bzw. das Unternehmen wirklich wert ist. Je nach dem, wie stark der Marktpreis über dem inneren Wert des Unternehmens liegt, sollte über einen Verkauf nachgedacht werden, da mehr „herauszuholen" ist, als eigentlich „drin steckt", um es ganz salopp zu formulieren. Logische Konsequenz daraus ist, dass es wichtig ist, die Positionen im Portfolio regelmäßig einer Überprüfung zu unterziehen, auch, um den inneren Wert gegebenenfalls an aktuelle Entwicklungen anzupassen. Die Investoren, die langfristig orientiert sind, haben den Vorteil, dass sie die Zeit auf ihrer Seite haben, denn Positionen, die lange gehalten werden und dabei eine geringe Ausschüttungsquote aufweisen, sorgen dafür, dass der Zinseszinseffekt auf unternehmerischer Ebene stärker wirkt. Es gilt, dass je länger die Haltedauer einer Position im Zeitverlauf ist, desto stärker setzt der Zinseszinseffekt auf der Unternehmensebene ein. Ein weiterer Vorteil von einer langen Haltedauer ist, dass so die Kosten für Transaktionen deutlich reduziert werden und auch die steuerliche Last im Zeitverlauf verschoben wird. Die Vorteile einer langen Haltedauer sollen nun im nachfolgenden Beispiel erläutert werden:

Zwei Investoren, die an der Börse aktiv sind, tun dies sehr erfolgreich und erreichen pro Jahr eine Verdopplung des eingesetzten Kapitals. Allerdings investiert der Investor 1 langfristig über 15 Jahre in ein und dieselbe Aktie, während der Investor 2 stets am Ende jedes Jahres die Aktie verkauft und eine neue in sein Portfolio aufnimmt, die deren Wert sich am Ende des Jahres verdoppelt. Gleich ist also, dass sich der Wert der Aktie beider Investoren jeweils pro Jahr verdoppeln und das über einen Zeitraum von 15 Jahren.

Der Investor 1, der langfristig in dieselbe Aktie investiert, profitiert von dem Zinseszinseffekt und aus dem Einstiegskapital von 1 Euro werden nach 15 Jahren 32.768 Euro. Nach diesen 15 Jahren sind also 25 % Steuern auf die die 32.768 Euro zu zahlen, sodass am Ende 24.576 Euro übrigbleiben (32.768 Euro - 8.192 Euro (Steuern)).

Der Investor 2, der pro Jahr stets die „alte" Aktie verkauft und eine neue erwirbt, muss deutlich höhere Kosten in Form von Steuern schultern. (Transaktionskosten, die außerdem anfallen, sind hier nicht Teil der Berechnung und würden die Rendite weiter schmälern.) Bedingt durch den jährlichen Verkauf der Aktie muss jeweils die Abgeltungssteuer in Höhe von 25 % auf den Gewinn gezahlt werden. Der Investor 2 hat nach den 20 Jahren 4.421,51 Euro erzielt und somit fast 20.000 Euro weniger Rendite, als Investor 1, der jedes Jahr neue Aktien eines Unternehmens in sein Portfolio hinzugekauft hat.

Aus diesem Beispiel ist also ersichtlich, dass die Steuern, die im Falle eines Verkaufs von Aktien anfallen, dafür sorgen, dass die Rendite deutlich geschmälert wird. Es ist also von enormer Wichtigkeit, stets langfristig zu planen und dann dementsprechend auch langfristig zu investieren.

Im Hinblick auf eine Desinvestition ist der Kaufkurs unbedeutend, allerdings ist genau auf den aktuellen Kurs sowie auf alternative Investitionsmöglichkeiten zu achten. Ist letztere, sprich die Investitionsmöglichkeit, nicht vorhanden, so kann ein Verkauf der Position dennoch Sinn ergeben, weil eine Cash-Position im Portfolio, wie bereits erwähnt wurde, nützlich ist, um flexibel zu bleiben. Des Weiteren ist an dieser Stelle zu erwähnen, dass ein Verkauf erwogen werden sollte, wenn eine einzelne Position bedingt durch rasante Kursanstiege im Rahmen des Portfolios ein zu großes Gewicht einnimmt. Letzteres hängt jedoch auch von der persönlichen Risikoaffinität ab, denn es muss individuell entschieden werden, wann eine zu hohe Gewichtung eines Titels im Portfolio erreicht wird und ob darauf mit der Wiederherstellung der vorgesehenen Gewichtung reagiert wird. Vor allem bei Titeln, die zurzeit ein hohes Momentum aufweisen und hohe Kursgewinne verzeichnen, lohnt es sich die Order für den Verkauf leicht unterhalb des aktuellen Kursniveaus zu platzieren. So können sich die Anleger vor raschen Kursverfällen schützen und trotzdem gleichzeitig von weiteren Kursanstiegen profitieren. Sobald dann der Kurs der Verkaufsorder erreicht wird, folgt der automatische Verkauf.

Im Hinblick auf illiquide Titel ist außerdem zu berücksichtigen, dass es auf der Käuferseite Interessenten geben muss, die bereit sind, den veranschlagten Preis zu zahlen. Es lohnt sich also definitiv bei geringkapitalisierten Werten zu überprüfen, wie es um die Liquidität des Marktes bestellt ist. Besonders zu beachten sind dabei die Ausschüttung der Dividende oder die

Veröffentlichung von geschäftsrelevanten Zahlen. Zu diesen Terminen ist die Liquidität in der Regel erhöht.

Abschließende Worte und Ratschläge

Im Rahmen dieses Buches haben die Leserinnen und Leser eine ganze Menge über die Bewertung von Unternehmen sowie über die Analyse von Unternehmenskennzahlen gelernt. Wichtig ist, dass die Unternehmensbewertung nie nur unter technischen Aspekten erfolgen sollte, sondern stets aus der Sicht eines Unternehmers vorgenommen wird, so wie es Starinvestor Warren Buffett predigt. Das Value Investing ist das Gegenteil von Spekulation und beinhaltet die Analyse des betrachteten Unternehmens nach qualitativen sowie nach quantitativen Faktoren. Im Großen und Ganzen geht es bei dem Value Investing darum, die Differenz zwischen dem aktuellen Kurs der Aktie und dem im Rahmen der zuvor durchgeführten Analyse bestimmten fairen Wert auszunutzen. Wenn die Differenz zwischen aktuellem Kurs und fairem Wert die Sicherheitsmarge übertrifft, empfiehlt es sich, den Kauf zu tätigen. Zunächst – und das soll hier betont werden – ist eine umfangreiche Analyse entscheidend für Erfolg oder Misserfolg. Neben der Analyse des Geschäftsmodells, dienen auch die Kennzahlen dazu, um das Unternehmen und dessen zukünftige Lage einschätzen und dementsprechend handeln zu können.

Wichtig ist außerdem, dass Selbstdisziplin an den Tag gelegt wird, denn wer sich von raschen Kursveränderungen beeinflussen und gar panisch darauf reagiert, der riskiert viel. Das ist auch vor dem Hintergrund, dass es Phasen gibt, in denen die Aktienmärkte zu extremen Unter- oder Überbewertungen tendieren, unbedingt zu beachten. Es gilt, sich nicht von Emotionen, wie Angst, Gier oder Euphorie, antreiben zu lassen. Das irrationale Verhalten der anderen

Marktteilnehmer sollte hingegen – unter Berücksichtigung der eigenen Erkenntnisse aus der Unternehmensanalyse – ausgenutzt werden, um erfolgreich zu investieren. Deshalb ist es auch so wichtig, dass der eigenen Analyse vertraut wird und die Investitionen nicht entgegen dieser getätigt werden sollten.

Dass sich im Rahmen der unterschiedlichen Bewertungsverfahren zu anderen Ergebnissen ergeben können, obwohl die Ausgangsdaten dieselben sind, ist auch darauf zurückzuführen, dass es sich bei der Bewertung von Unternehmen nicht um eine exakte Wissenschaft, sondern vielmehr um eine Kunst handelt, die es zu erlernen und beherrschen gilt. Wie es auch auf die meisten Lebensbereiche anzuwenden ist, ist es auch bei der Bewertung von Unternehmen so, dass Übung den Meister macht. Niemand wird von heute auf morgen zu einem Experten in der Unternehmensbewertung. Dennoch gibt dieses Buch den Leserinnen und Lesern alle Werkzeuge an die Hand, um Unternehmen zuverlässig bewerten zu können.

Zugangscode - Kostenfreies e-Book

Gehen Sie auf **https://link.cherrymedia.de/EPUB** und geben Sie Ihren Zugangscode ein um Ihr kostenfreies e-Book herunterzuladen.

LY24-B83G-81RU

Index

A

B

C

D

E

F

G

I

Made in United States
North Haven, CT
10 November 2026

22091251R00166